销售与口才

张易轩 /著

中国商业出版社

图书在版编目(CIP)数据

销售与口才 / 张易轩著. -- 北京：中国商业出版社, 2019.9

ISBN 978-7-5208-0877-4

Ⅰ.①销… Ⅱ.①张… Ⅲ.①销售—口才学 Ⅳ.①F713.3②H019

中国版本图书馆CIP数据核字(2019)第187500号

责任编辑：朱丽丽

中国商业出版社出版发行
010-63180647　www.c-cbook.com
(100053　北京广安门内报国寺1号)
新华书店经销
三河市宏顺兴印刷有限公司印刷
*
880毫米×1230毫米　32开　6印张　130千字
2019年11月第1版　2019年11月第1次印刷
定价：39.80元
****
(如有印装质量问题可更换)

自序／对不起，口才不好真的不能做销售

在历史的长河中，口才一直都扮演着重要的角色。

从中国春秋战国时期的百家争鸣，到古希腊演讲始祖智者派的雄辩；从第二国际政治舞台上列宁的演讲风采，到巴黎公社时期米歇尔在法庭上的慷慨陈词，口才都起到了不可估量的作用。

美国著名教育专家卡耐基在强调口才的重要性时说："假如你的口才好……可以使人家喜欢你，可以结交好的朋友，可以开辟前程，使你获得满意的结果。譬如你是一个律师，你的口才便吸引了一切诉讼的当事人；你是一个店主，你的口才帮助你吸引顾客。有许多人因为善于辞令，因此而擢升了职位……有许多人因此而获得荣誉，获得厚利。你不要以为这是小节，你的一生，有一大半的影响来自说话的艺术。"

可以说，谁拥有了好口才，谁就拥有了一把赢得成功的利剑。对做销售工作的人来说，口才，更是进行成功销售的一个必要前提。

举个简单的小例子：

菜市场里，四个卖青椒的老板遇到一个同样的问题："老板，你这辣椒辣不辣？"

第一个老板的回答是："辣。"

第二个老板的回答是："不辣。"

第三个老板的回答是："您想要辣的还是不辣的？"

第四个老板的回答是："这个筐里的是辣的，那个筐里的是不辣的。您随便选。"

不用说了吧，一定是第四个老板收摊早。

这是因为，前两种回答，都只能满足一种消费需求；第三种回答虽说考虑到了顾客的不同需求，但却把问题丢给了对方，碰见个较真的顾客，结果就难以预料了；只有第四种回答，才是最理想的——"亲爱的顾客，我已经为您分好了，要辣的还是不辣的，或者两种都要，您都可以自由选择。"成功率100%！

这就是销售口才的作用和魅力。俗话说得好："买卖不成话不到，话语一到卖三俏。"只有出色的口才，才能够吸引客户的注意力；只有出色的口才，才能使客户对推销的产品产生兴趣；只有出色的口才，才可以将相关信息有效地传递给客户；只有出色的口才，才可以消除客户的疑虑，赢得对方的信任；只有出色的口才，才可以让你掌握洽谈的主动权；只有出色的口才，才能帮你有效实施推销策略，完成交易；只有出色的口才，才有助于你赢得更多的客户。归根结底，销售工作的各个环节都离不开口才的发挥。拥有好口才，是销售员走向成功的关键和有力保证。

反之，如果我们在客户面前，连话都说不清楚，词不达意，沟通起来也总是说不到对方心里去，难以打动对方，甚至让他们感觉别扭，自然也就谈不上销售的成功。所以，在销售界，我们甚至可以绝对一点儿地说：口才不好，就别做销售。

好口才并非天生的。口才好的人也是在一次又一次的沟通中逐渐掌握说话要领和技巧的。正如华罗庚先生在总结练"口才"的体会时所说："勤能补拙是良训，一分辛苦一分才。"只要我们善于学习、不断尝试、勇于总结，口才自然越练越灵光。

目 录

第一章　你并非输于口才,而是败于心理

不敢开口,还做什么销售 / 002

控制好情绪,才能说好话 / 006

热情,有时比任何口才技巧都重要 / 009

第二章　好口才,靠的不只是舌头

重表达轻聆听,是对口才最大的误解 / 012

说什么很重要,怎么说更重要 / 015

话不在多,"攻心"是关键 / 018

这些有损人品的话,千万别说 / 020

第三章　消除抵触,能近身才有机会

用"我们"代替"你" / 024

交易,有时只是幽默的结果 / 026

开口时机不对,结果可能完全不同 / 029

塑造好声音为你的好口才加分 / 032

第四章　会赞美是销售员的标配

夸人，是一个"技术活" / 036
客户的名字，就是攻心的咒语 / 039
表达你的好感，因为喜欢会传染 / 042
客户爱听什么，你就说什么 / 045

第五章　以客户为出发点的话才受欢迎

语出真诚，大于卖弄技巧 / 050
人性化地销售产品 / 054
面对客户的质疑，一争辩你就输了 / 056
关系再好，说话也不能"过界" / 059

第六章　站在客户的角度考虑客户的需求

"专门"太沉重，"巧合"刚刚好 / 062
热情推销的，不如佛系卖家 / 064
客户感兴趣时，请停止你的表演 / 066
把你的产品，推荐到客户的心里 / 070
60%的客户拒绝理由并非真实理由 / 074

第七章　会提问，是销售员最有利的武器

正确提问，让真实需求露出水面 / 078
设置悬念问题，吸引客户的注意力 / 080
选项式提问，没需求也能变需求 / 083
提问能让客户回答"是"的问题 / 086

第八章　力戒千篇一律，见什么人要说什么话

对不同性格的客户，说不同的话 / 090
客户三百六十行，行行有说辞 / 093
购买态度有差异，说话技巧也要跟着变 / 097

第九章　客户的"痛点"，就是你攻心的焦点

顺着说，销售场上不需要逆耳忠言 / 102
巧着说，利用惯有的从众心理 / 105
反着说，把你要卖变成他要买 / 109
笑着说，让你的话拥有神奇魔力 / 112

第十章　不讲技巧的人，做不好销售

"最后期限"能改变犹豫状态 / 116
口头给实惠比低价更能打动人 / 119
表面退让，是为了迂回前进 / 122
激将法，会让消费冲动战胜理智 / 125
把好口才用在关键人物身上 / 128

第十一章　这样做产品介绍，句句"戳心"

如实相告，双面宣传更值得信赖 / 132
用数字说话，大大提高成交率 / 135
找个托为你说话，比自己说更有效 / 138
"FABE"式介绍，更容易被认可 / 141
你说好，不如让客户自己说好 / 144

第十二章　打消疑虑，让客户放心交易

不识货不可怕，货比货分高下 / 148

挖掘客户异议背后的真实意图 / 151

回应客户质疑的五大技巧 / 153

先发制人，把客户异议"堵"回去 / 156

第十三章　巧妙报价，赢得客户心理认同

把大钱说"小"，淡化敏感 / 160

报价最低，不如给个杀价空间 / 163

什么时候报价也是有讲究的 / 166

客户就吃"半推半就"这一套 / 169

拒绝客户的回价，委婉说"不" / 172

第十四章　临门一脚，在与客户攻防中成交

再着急也别拿承诺当逼单工具 / 176

说好告别的话，让客户去时比来时美 / 179

应对好投诉，将危机变商机 / 182

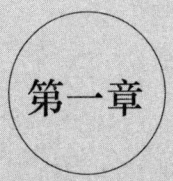

你并非输于口才,而是败于心理

不是因为有些事情难以做到,我们才失去自信;而是因为我们失去了自信,有些事情才显得难以做到。做销售工作首先要敢于开口。

不敢开口，还做什么销售

我们常常将"口才"狭隘地理解为"会说话"，然而，即使你肚子里确实有"货"，不敢说，最终"货"也只能烂在肚子里。所以，在"会"说话之前，你必须先"敢"说话！尤其是对于销售——这个常常与"拒绝"打交道的工作来说，内心的强大更是必不可少的。

你要知道，几乎没有一个客户，在见到销售人员上门来推销商品时，会笑容可掬地出门相迎，要不会说："欢迎欢迎，您来得正好"，"真是雪中送炭"。销售，被拒绝，才是家常便饭。

有一些销售员，当他们在销售过程中遭到拒绝后，往往会产生一种心理障碍——推销的恐惧心理，即在推销的过程中，怕被别人注意或稍有差错就产生极度恐惧的情绪。因此，我们会发现，很多刚刚从事销售职业的人：拜访客户时犹豫再三不敢进门；好不容易鼓起勇气进了门，却紧张得不知说什么；刚刚开口介绍产品，客户一质疑，就磕磕巴巴起来。有的销售员还不敢给客户打电话，即便打了电话，不是说话太快，就是吞吞吐吐，客户一旦拒绝就几天不敢再打电话。众所周知，销售是靠嘴吃饭的，那么，不敢开口，还做什么销售呢？调查显示，由于缺乏交流勇气而遭到淘汰的销售人员占全部销售人员总数的40%以上。

事实上，那些在销售领域做出巨大成就的销售员，并不比其他人遭遇客户拒绝少，恰恰是因为他们敢于面对销售过程中的各种挫折，敢于正视客户的拒绝，敢于承受多日来没有签下一份购买合同的事实，敢于直面他人的冷眼和歧视……

幸运的是，这份直面拒绝、敢于开口的勇气也是可以靠后天培养的。那些面对陌生人经常不敢说话，而是试图转过身去逃避的销售新人，如果能按照下面几个方面的要求去做，就必定会克服销售恐惧心理。

1. 正确认识销售中的拒绝

销售中的恐惧心理，主要源于拒绝。正确认识被拒绝的缘由，会让你减少恐惧。对于拒绝的正确的认知是：拒绝是经济世界中，对任何一种推销行为的标准反应模式，而不是针对你个人而来的。99.9%的人不会恶意伤害你，他们的拒绝通常是因为当时的状况不宜，以及客户本身的个性问题，和你的人格、道德及能力没有任何的瓜葛，因此你完全没必要太难过、太在意。

2. 不要自己吓自己

很多时候，我们之所以会害怕，不见得真有恐惧的事情发生，而多半是我们自己吓坏了自己。曾有一位著名的训练师在以销售员进行销售训练时，做过一番精彩的问答，借此协助销售员克服内心对敲门的恐惧。

> 训练师要求销售员想象自己正在即将拜访的客户门外。
> 训练师："请问，你现在位于何处？"
> 销售员："我正站在客户家门外。"
> 训练师："很好！接下来，你想到哪儿去呢？"
> 销售员："我想进入这位客户的家中。"
> 训练师："当你进入客户的家里之后，你想到最坏的情况是怎样呢？"

销售员:"最坏的情况大概是被客户赶出来吧。"

训练师:"被赶出来后,你又会站在哪里呢?"

销售员:"就……还站在客户家门外。"

训练师:"很好!那不就是你此刻所站的位置吗?最坏的结果不外乎回到原处,你又有什么好恐惧的呢?"

3. 勇敢面对不要逃避

威名远扬的前英国首相丘吉尔曾说过:"一个人绝对不可在遇到危险时,背过身去试图逃避。若是这样做,只会使危险加倍。但是,如果立刻面对它,毫不退缩,危险便会减半。决不要逃避任何事物,决不!"因此,如果你害怕拜访陌生人,克服害怕的方法就是不断地面对陌生人,直到这种害怕完全消失为止。潜能专家博恩·崔西称其为"系统化解除敏感"。这是一种自我激励的技巧,更是建立自信心和勇气最好最有效的方法。

4. 淡化急功近利之心

在销售活动中,希望马上达到目的,往往会让自己紧张起来,声音会颤抖,动作会僵硬。这样,极有可能让对方感觉到自己的不安,不利于交易顺利进行。所以,在销售中,不要急于求成,而要稳扎稳打,步步为营。没有了急功近利,就不会过于紧张,就能与对方心平气和、从容自若地交往了。

5. 找对方缺点,扩大自身优点

两人初次见面时,往往很自然地在乎别人对自己的评价。但作为销售人员,如果时时在意对方的想法,心理上就会有患得患失之感,产生巨大的压力,当然会显得紧张无措。所以,你不如暂时忘记自己,反过来评价对方:仔细观察对方的表情、服装、说话神态,找到对方的缺点。同时,想一想自己的优点,即使是不足为外人称道之处，也可以采用自我扩大的方法，将其扩大成足以自豪的长处。这样，在心理上你就能从被动变为主动，产生与对方平等的感受，压迫感与恐惧感随之减缓。

6. 在自己前额放个"想象按钮"

对于销售员来说，心存恐惧，就会失败；相信自己，必定成交。因此，绝对不要再让"恐惧"在你的心里继续生根、发芽。当你害怕被拒绝、害怕产品卖不出去、害怕客户买不起时，你可以想象自己的前额有个按钮，想象你按下按钮，脑中的恐惧就全数排出，照着做，你会知道这招果然好用。

7. 增加公开演讲的经历和技巧

还有一个让你告别害怕被拒绝的方法，也很简单：你可以去参加演讲培训，来提高自己公开演说的技巧，这样能让你和别人面对面销售的时候，变得更有自信、更有能量，也更加热情。当有一天你成为公开演说的高手时，你的销售口才，也就会跟着水涨船高，变得更强、更有说服力了！

如果没有这个条件，也可以进行自我训练，比如，在你感觉有些紧张的场合，不妨试着尽量放开声音，大声交谈，而不必过于在意别人异样的眼光。这样会使紧张的心理迅速缓解，害怕的情绪也会消失不见。

如果你做到了这几点，就一定能敢于开口说话，从而将自己的口才发挥到极致。那时，你就会发现，销售并不那么难。

控制好情绪，才能说好话

在销售过程中，被拒绝、被指责、被误会在所难免，这会让我们不由自主地产生郁闷、气愤、委屈等消极情绪。这时，跟客户沟通也难免会带上情绪，任由自己逞口舌之快、口无遮拦。但把客户怼得哑口无言、怒气冲冲，却无法从这种"好"口才中获益。

恰恰相反，说话得体、不失风度，这是对口才的基本要求。当一个人情绪好的时候，要做到这一点并不难，难的是，在他心情不好，沮丧甚至绝望的时候，依然可以控制好自己的情绪，心平气和地说话。也就是说，一个人要想拥有一个好口才，就必须先和自己的情绪达成和解。

这一点对销售人员来说尤其重要。因为销售的最终目的就是成交，在言语上做适时的忍让是十分有必要的。否则即使你勉强说服了客户，但只要他感受到了你的不友好，就很难成交。

一名品牌电脑的终端销售员刚入行的时候，也和一些人一样，只要一遇到那些喜欢"挑刺"的顾客就会头疼不已，虽然没有发生口角，但有时言语之中难免有些阴阳怪气。

然而他很快便发现，那些顾客不仅当时没有买下产品，从此之后也再没有光顾过。显然，必须改变这种状况了。

一天，他又遇到了一位让他难堪的顾客。刚刚交谈了几句，对方就很不友好地说："你们的电脑没有×××品牌好，我朋友就买了你们的品牌，结果还没用多久，就有毛病了。"

听到这里，销售员心中自然不爽，不觉默默地想："那你干脆去买×××品牌好了。"紧接着，他被自己这种想法吓了一跳，幸亏自己没把这话说出口，否则别说成交没希望，还很可能遭到顾客的投诉。

他马上冷静了下来，转念一想，其实顾客能走过来，说明他对公司的产品是有兴趣的，说这些刁难的话，很有可能是试探自己的，既然这样，那又何必在乎顾客的恶言恶语呢，毕竟签下订单才是重要的。于是，他放下了对顾客的不满情绪，微笑着说："您朋友的电脑出现了问题，我们深感抱歉，这是我们的售后服务电话，可以转交给您的朋友，打完电话后工作人员会在24小时内帮助解决问题。"说着，他递给顾客一张售后服务卡，"如果您的朋友比较着急，可以把住址告诉我，我可以马上打电话，让服务人员上门维修。"

顾客接过售后服务卡，脸色缓和了许多，毕竟销售员自始至终的态度都很和善，顾客也没有理由一直板着脸。敏锐地捕捉到了顾客脸上的变化，销售员将话题自然而然地转到了产品介绍上。最后，经过努力，他顺利拿下了这笔订单。

自始至终都能够适当地控制自己的情绪，不急不躁，一直以一种平和的语气与客户交谈，即使遭受客户的羞辱也不以激烈的言辞予以还击，反而能报之以微笑。这种"你生气来我微笑"的工作态度，才有可能打动客户，最终达成交易。

当然，我们在秉持忍让观念的同时，更要把握沟通的技巧。比如上面这个事例，当顾客提出指责时，销售员没有与顾客争辩,而是提出了解决问题的办法。这种忍让又不失原则的处理方法让顾客很满意,最终两人还做成了一笔交易。相反,如果销售员一味地顺着顾客的话贬低公司的产品和服务,那么实际上也是在贬低他自己,顾客不仅不会买他的产品,更会看不起他这个人。

热情，有时比任何口才技巧都重要

口才的重要性，已经逐渐被越来越多的人所认可，尤其是在销售领域，很多销售员都在努力寻求提升口才的方法和技巧。其实，他们都忽略了一个重要前提——没有"热情"的加成，任何口才技巧都会显得苍白无力。

曾经，玫琳凯就是一名家庭主妇，一位叫伊达·布莱的销售员上门来推销一套优良的学前幼儿读物——《儿童心理书库》时，玫琳凯对这套书爱不释手，但当伊达告诉她这套书的价格为50美元时，她只能告诉伊达"我负担不起。"可伊达却告诉她，只要玫琳凯帮她卖出去10套，就送她一套。

"真的？天哪，那太棒了！天底下还有这等好事！"玫琳凯破涕为笑，对她的这一建议表示了首肯。当时，玫琳凯正好担任着休斯顿浸信会幼儿主日学校的义务监管人，因此手头有许多母亲的电话号码。在接到这一"使命"后的整个周末，玫琳凯便一个个给这些妈妈打电话，告诉她们这是我见过最好的一套儿童教育书籍。她以满腔的热情向她们诉说着这套书的种种优点。就这样，奇迹真的发生了，在玫琳凯还没有将产品展示给她们看之前，就卖出了10套！

当伊达在周一早上再度登门造访时，玫琳凯向她展示了成果。"这里是她们的名字与地址，"她对伊达说，"你现在要做的就是去一一拜访她们，向她们收钱。"

"我真不敢相信！这真是个奇迹！"伊达说，"这套书就归你了，玫琳凯，"她指着摆在餐桌上的那套书籍说。接着，她又说："但是现在，我还有更重要的事和你讨论，玫琳凯，"伊达的语气听起来非常兴奋，"你愿不愿意帮我们公司销售产品？"

隔天，玫琳凯和伊达一起上门推销，但情况并不妙，不是没人在家，就是吃了闭门羹。一天下来，她们连一套书也没有卖出去。没有人对这套书感兴趣。玫琳凯很纳闷："我上周仅一个周末就在电话里卖出去10套，如今我和伊达怎么会碰到如此大的困难？"

虽然玫琳凯对销售可以说是一无所知，但有一点她非常明了，她觉得自己能够一下子将10套书销售出去，就是由于自己对这套书保持着极高的热情，而这种热情也感染了那些人！

事实果真如此，就这样，奇迹再次发生了！在开始的9个月里，玫琳凯推销出去的书总金额达2.5万美元，这一业绩使她成为该公司的顶尖销售人员。

如今，"玫琳凯式的热情"（Mary Kay Enthusiasm）已是众人皆知，她的销售故事也已成为人们津津乐道的一则传奇。

其实，语言是有生命的，同样一句话，你一脸冷漠地去说，客户即使有购买的热情也会被你浇灭；而当你拥有一种发自内心的热情时，你的热情就会感染你的客户，使他也怀有同样的热情，从而接受你所销售的产品。

正如美国著名作家爱默生所说："没有热情，任何伟大的事业都不可能成功。"如果你希望自己成为一名优秀的销售人员，就要把"热情"始终灌注在与客户沟通的每一句话语里。只有诚挚的热情才能融化客户的冷漠拒绝，让客户被你的行为所感染，带你走上销售成功之路。

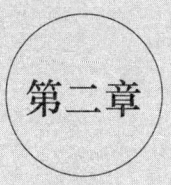

好口才,靠的不只是舌头

"讷讷寡言者未必愚,喋喋利口者未必智。"好口才,不是逞一时的口舌之功,而是在任何时候都能挥洒自如地得体表达。

重表达轻聆听，是对口才最大的误解

能言善辩，常常被认为是销售人员必备的基本技能之一。但是很多时候，导致销售员销售失败的真正原因并不是销售员不会说或者不善于说，而恰恰是因为销售员说得太多。很多销售员在进行销售时总是从始至终一直滔滔不绝地说，向客户灌输自己的思想、自己的意见，强制客户接受自己认为好的东西，而直到生意失败，销售员可能也不知道客户为什么会拒绝，还觉得自己口才很好。

其实，这是对口才最大的误解。销售中，最有效的口才反而应该是聆听。因为对于客户来说，他们更希望自己受到关注。销售人员的健谈，难免会喧宾夺主，压住了客户的光芒，必然会引起客户的反感和厌恶。而只有当销售人员学会安静地聆听，听客户说话，让客户多表达自己的想法，这样才会让客户感到受重视，满足表达自己的心理需求。

同时，销售人员还可以从客户的表达中获得有用的信息，帮助自己了解客户的心理，从而实现有效的沟通。而且，销售人员还可以将耳朵接收到的各种信息，综合起来进行归纳、分析，形成科学的客户数据。通过对数据进行研究，能够判断客户的满意度是高是低。这对公司长期和短期的利润都有着巨大的潜在影响。我们甚至可以毫不夸张地说，在销售中，80%的订单要靠耳朵来完成。

事实上，早在2000多年前，古罗马政治家西赛罗就曾说过："雄辩之中有艺术，沉默中也有。"销售人员首先应该扮演好听众，而后才是演说家。如果你只顾自己滔滔不绝地说个不停，那这场销售就变成了无意义的、机械的自我展示和产品介绍了。而这样的自我展示和产品介绍是很难真正"走进"客户内心，打动客户的。

所以，我们不仅要会说，更要会听。尤其是当你用心倾听的时候，客户不但会被你的热忱打动，你也会从中获取真正有价值的情报，轻轻松松搞定销售。

具体来说，在倾听的过程中，应该把握哪些技巧呢？

1. 集中精力

为此，销售人员要在沟通之前做好多方面的准备，如心理准备、身体准备、态度准备及情绪准备等。恐慌的心理、疲惫的身体、黯然的神态及消极的情绪等都不利于倾听的状态。

2. 不要打断

倾听中，要注意不要轻易打断客户的话。不但如此，还要有礼貌地微笑、点头，或说"对""噢""好的"等，跟客户互动，以促使对方更愿意说下去。

3. 适时发问

提问是促使客户更愿意说的前提条件之一。方式可以多种多样，比如可以向客户提问："您之前使用过这样的洗衣机吗？""您对这样的产品有什么意见吗？""您感觉这样的改进，有意义吗？"这种开放式提问的方式可以使客户更畅快地表达内心的需求。

4. 不要反驳

对客户的反对意见或建议，一般不要进行反驳，即使有时他们的看法有些偏激，但也不宜反驳。如果感到客户的话实在"离题太远"，可以采取提问等方式改变对方谈话的重点，引导其谈论更能促进销售的话题。

5. 做好总结

在沟通的过程中，还要注意及时总结客户的观点，这样做的好处有两个：一方面，借此向对方传达你一直在认真地倾听；另一方面，有助于保证你没有误解或歪曲客户的意见，从而使你更有效地找到解决问题的方法。

总之，在销售中，有效倾听所发挥的作用绝不亚于你舌灿莲花的陈述。实践证明，良好的倾听可以帮助销售人员解决与客户沟通过程中的许多实际问题。因此，销售人员一定要重视倾听。

说什么很重要，怎么说更重要

沟通中，有一个著名的"7/38/55"定律，这是柏克莱大学的一位叫艾伯特·马伯蓝比的心理学教授花了10年时间研究出来的。这个定律说的是旁人的观感，当人们进行面对面沟通的时候，会使用到三个主要的沟通元素——用词、声调，还有肢体语言。这三项元素在沟通中所担任的影响比重分别为：用词占7%，声调占38%，肢体语言占55%。

从这个定律中，我们至少可以明白这样一个道理：销售口才必须多样化，全方位配合进行！在一场销售活动中，销售员说了什么，这的确很重要（销售毕竟是靠嘴吃饭的职业）。但有时候，这些话怎么来说，会显得更重要。

在一次大型的汽艇展示活动中，很多顾客都在参观汽艇模型。在这次展会中有一位异国的石油富翁对一艘大船表现出了很大的兴趣，他对那艘船的销售人员说："这艘船多少钱？"那位销售人员面对着这个很有实力的顾客，却仅仅是面无表情、语气冷淡地告知了其价格。富翁虽然对这艘船很感兴趣，但是看着对面那张"平静"的脸，他还是悻悻地走开了。

当他走到下一艘展示船面前时，对面的销售人员脸上挂着灿烂的微笑向他打招呼，销售人员脸上一直保持的微笑使得富翁顿时轻松了许多，于是他再次问了一句："这艘船多少钱？"销售人员仍然面带阳光般的微笑告知了顾客船的具体价格,并且说:"请您先参观一下这艘船。"石油富翁参观了游艇之后满意地签下了一张订购单。

有时候,销售就是这么简单。你的表情、你的语气会在第一时间决定你能否获得客户的认同和好感,他们是否愿意和你进行进一步的接触。

所以,我们在提高口才技巧的同时,也别忘了利用面部表情、语气等作为辅助,来让你的口才真正发挥作用。

具体来说,我们可以从以下两个方面开始学习和修炼。

语气上:

1. 保持柔和

于客户而言,他们常常会不自觉地抬高姿态,他们喜欢销售员以低姿态和他们交流,如果销售员的语气过于生硬,他们的这种心理就得不到满足,因此他们也可能会认为销售员并不是诚心想要和他们做交易而拒绝进一步交谈。因此,销售员在与客户交流时,切忌语气生硬,而应保持柔和,这样的语气会显得亲和一些,客户听了也会觉得舒服。

2. 语露真诚

对于销售员来说,真诚既是一种品质,又是一种技巧,只有当客户感受到你语气中真诚的关怀、诚心的尊重,销售才有成功可言。尤其是那些在平时说话时习惯用夸张的方式来吸引别人注意的人,在和客户沟通的时候,一定切记不要使用这种方式。因为你的客户并不了解你或者根本不认识你,如果交谈时你说话的语气太过夸张很可能给他们留下不好的印象。

表情上:

1. 面带微笑

微笑有特殊的作用，可以在极短的时间内打通陌生人之间的情感通道，是人际交往的润滑剂。在销售活动中，很多时候，销售人员面对的是陌生的客户，如果在与之交流时，销售人员表情僵硬，甚至冰冷漠视，缺乏亲切的微笑，那么无论你的语言有多动听，客户也会因为你僵硬、冷漠的表情而与你心存隔阂。所以在与顾客交流时，你的脸上一定要带着真诚、温和的微笑。

2. 眼神传情

作为销售员，你很可能会遇到这样的情况：你非常真诚地去和客户交流，但是对方的脸上还是流露出不信任的神情。此时，你该怎么办呢？一方面你要注意一下自己说话的语气，另一方面就是要注意自己的眼神。面对客户时，要尽可能地让对方看到你的眼睛，把你的友好与诚意通过你的眼神传达给客户。

总之，无论任何时候，你都应该努力使自己的语气平和、谦逊，表露出真诚，再配以柔和、诚恳的面部表情和眼神，最终使客户感受到你的真诚，愿意与你进一步接触，为销售成功打下良好的基础。

话不在多,"攻心"是关键

英国人波普说:"话犹如树叶,在树叶太茂盛的地方,很难见到智慧的果实。"这话放在销售场上同样适用。

也许很多人会觉得,销售不就是耍嘴皮子功夫的吗,不多说怎么说服客户购买产品?

其实不然,惜字如金、默默无语自然不能做好销售,但废话连篇、絮絮叨叨更是与交易无缘。通用电气公司的一位副总经理就曾说过:"在代理商会议上,大家投票选出导致销售员交易失败的原因,结果有314个人——也就是一半多的人认为,最大的原因在于销售员喋喋不休,这是值得注意的结果。"

事实上,销售口才是非常有讲究的,不在多而在精、在准。那些只会生硬、空洞地说教的销售员,很难让客户对其及其推销的产品产生兴趣。对于那些空话、套话,客户实际上是很反感的,甚至觉得听这种谈话是在浪费生命。

销售不在于把话说得天花乱坠,把嘴皮子磨破,把客户缠得不厌其烦。要签单,关键是要把话说到客户心坎儿里去。

要想达到这一点,我们的销售员需要从以下几个方面来努力:

1. 专业知识学扎实

销售人员要对自己的公司、自己销售的产品,以及本行业的发展动态,有充分的了解和深入的掌握,这样在推销的时候就能够恰到好处、突出重点地推销。平时可通过各种途径不断地学习与提高，及时掌握最新的行业信息，找准产品的优势及卖点，做到能以一个专家身份向客户介绍公司以及自己推销的产品。

2. 避免照本宣科

与客户交谈时，销售人员需要以专家的身份介绍一些行业政策和知识，但这并不意味着使用专业术语。因为如果客户本身很少接触某一行业专业的术语，照本宣科的介绍往往无法让客户真正理解。这就需要销售人员化繁为简，将专业术语巧妙地口语化，让客户能够快速理解目标，用不同的宣传形式向不同知识水平的客户介绍。

3. 有针对性的沟通

如果销售员不明白客户的真正需求，只顾自己夸夸其谈，就不能及时地调整销售策略，最终就会失去成交的机会。因此，在与客户沟通前，销售员应该对客户的自身情况尽量做更多的了解，比如，了解客户的思想、需求、愿望、不满和抱怨，甚至客户的气质等重要信息。只有这样，我们才能有针对性地与客户进行沟通和互动，从而利于商品销售。

这些有损人品的话，千万别说

虽然客户是抱着购买商品的目的来的，但是他们最先接触到的却是销售人员。或许我们可以做这样的比喻：销售人员就像是一件特殊的商品，有好的品质（人品），自然会获得客户的青睐和喜欢；品质（人品）差的"商品"自然会让客户讨厌，甚至避而远之。正如一位商界成功人士所说："先做人，后做事，做人做好了附带着就把事情做了。"

那么，客户是通过什么来判断你的人品如何呢？自然是你的一言一行。所以，销售过程中，那些有损你人品的事，千万别做；那些有损你人品的话，千万别说！

1. 不要诋毁竞争对手

在推销商品时完全不遇到竞争对手的情况是很少的。尤其在目前市场经济快速发展的今天，销售人员之间的竞争日益激烈，在推销产品时难免会遇到同行的竞争。于是，我们经常会听到诸如这样的论调："听说购买他家商品的顾客都反映他家的货不实在"或者"他家的水果农药含量超标，最好别买他家的"，甚至还有"他家的食品含有防腐剂，都被查出过呢，千万别买，还是买我家的吧，我家可是拿了认证的"。

他们自以为这样说能够给竞争对手以打击，从而赢得客户的心，但实际上恰恰相反。如果你当面批评或诋毁客户所提的竞争对手的产品，无异于说他是没有眼光的人，既伤害到了客户，又暴露出你的"低素质",还会让客户误认为你的产品也有可能有这种缺点。

事实上,有时候不失时机地夸赞竞争对手反而可以获得意想不到的结果。

曾经有一位销售员,他在一家机械设备公司已经工作半年了,却没有拿到一张订单。后经人介绍,自己也费了九牛二虎之力,终于谈成了一笔50多万的生意。然而,就在即将签单的时候,他却发现有一家公司的设备更适合这位客户,并且价格也比他们低很多。"怎么办?该不该告诉他?如果告诉了他我那1万多元的提成就泡汤了,而且还会受到上司的责备……"最终,这个销售员的商业道德还是战胜了自私自利。他坦诚地将实际情况告诉了客户,客户感动得无法用语言来表达。当然,销售员也失去了这笔生意。不过,他却赢得了这位客户的信任,还与他成了朋友。在后来的一年中,他仅通过这位客户介绍就做成了好几百万的生意,在业内赢得了很高的声誉。

也许并非人人都可以做到像这样夸赞对手,但至少也要做到不贬低诽谤同行业产品,这是作为一个销售人员铁的纪律。请记住:对于竞争对手的产品要做出正确的评价,把别人的产品说得一无是处,绝不会给自己的产品增加一点好处。

2. 不要信口开河

诚信,是销售人员要恪守的另一条重要职业道德。美国一项针对销售人员的调查就表明,优秀销售人员的业绩是普通销售人员业绩的300倍的真正原因,与长相无关,与年龄无关,也和性格内向、外向无关,而是与诚信有关。简单说,要想使顾客接受你,想让自己的销售业绩好,就要做一个诚实守信的人。

信口开河的不是销售,是骗子。只有实事求是,言必信、行必果,以信用为先,以品行为本,才能获得客户信赖,才能让他们放心地与你做交易。

那么,在销售活动中,销售人员如何表现自己的诚信呢?可参考下面所列出的几方面:

1. 不做夸张虚假的宣传

有些推销员把自己推销的产品夸赞的好得没边儿,歪曲了事实。显然,这种做法是不可取的,有百害而无一利。

2. 避免说自相矛盾的话

这一点很重要,也许你讲话过快,以至于中心意思不够突出,或者你表达能力较差,无法有序表达自己的观点,致使你前后所说的话相互矛盾,让客户糊涂,这样就会影响你的信誉。客户不相信你的介绍,自然就不会买你的产品。解决的办法是耐心等待,直到自己的声带与大脑完全合拍,这样再开口介绍则基本不会出现任何问题了。

3. 不为他人做托

作为销售人员,会经常遇到别人要求你为他说谎,或为他掩饰实情。但是请你记住,对此要坚决予以拒绝,因为这会毁掉你长期积累起来的信誉。一个诚信的销售员是不会要求别人替自己说谎的,而你也应该如此。

其实,无论从事什么工作,做人都是基础、是根本、是关键,要想把事情做好,首先必须把人做好了。正如一位商界成功人士所说:"先做人,后做事,做人做好了附带着就把事情做好了。"

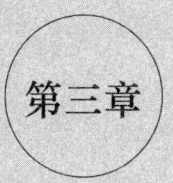

第三章

消除抵触,能近身才有机会

通常情况下,客户对陌生的销售人员有一种本能的抵触情绪,但聪明的销售员往往会用语言的力量使这种抵触消于无形。

用"我们"代替"你"

心理学告诉我们：每个人的内心都存有或多或少潜在的"自我意识"，都不愿意受到他人的指使。在这种心理的影响下，如果他认为你是在说服他，他的自我意识会变得更加强烈，不易与你的看法一致。即使你说得天花乱坠，头头是道，在他看来可能也只是为你的个人利益进行的表演，不一定愿意接受你的意见。

这一点，在销售行业中是致命的。因为销售人员的主要工作便是说服客户。

那该怎么办呢？

一个最简单且有效的方法就是——多说"我们"少说"你"。

让我们先来看看下面一位顾客的自述：

"有一次，我到商店买裤子。试穿了很多条，都没有觉得非常满意。正在我犹豫不决的时候，一旁跟我身材差不多的导购女孩满脸微笑地跟我攀谈起来。

'您在买裤子的时候，是不是非常难买到合适的？'她问。

我看了这个苗条高挑的女孩一眼，说：'是啊！'

她继续说：'像我们这样身材太苗条的人，很难买到腰围合适的裤子，我就经常买不到。'她边说，边用双手做了个掐着自己细腰的动作，对着我微笑。

'是的，很多裤子我都喜欢，但有的没有小号，腰围有点大，就穿不了。'她这一说,还真说到了我的苦恼。

'对呀!以前我也在网上买过裤子,有适合的,但质量都不太好。我觉得咱们店里的裤子穿着挺舒服的,你看!'说着,她低头看自己的裤子。

我对这个与自己同样感同身受的导购女孩顿时有了好感,立即决定买一条裤子。"

这笔买卖的达成,"我们""咱们"的功劳最大。

当销售人员想要说服客户购买产品时,如果能多多使用"我们"这一字眼,就会暗示对方:彼此是一体,是利害与共的。这样,对方原本坚强的防御体系也会倒下,彼此之间的心理冲突会大大减少,就更容易建立良好的合作关系。上文的事例中,那个导购女孩就是用"我们""咱们"等字眼,弱化了自己和顾客之间的买卖关系,巧妙地将其转变成了面临同一问题的合作者,把是否买裤子的问题转移到身材太苗条的人比较难买到裤子的问题上。结果,顾客很自然地把她当成了"自己人",而对她所说的话比较信任。

如果你也希望自己很快地被客户接纳,你就必须同对方保持"同体观"的关系。即用"我们"把对方与自己归为一体,在客户看来,你是在为他们说话,或你是为他们好的。这样,双方的心理距离拉近了,他们就不会感到某种心理压力的存在,也不需要有戒心了。

交易，有时只是幽默的结果

在销售中，交易的本身容易让消费者对销售方充满戒备与敌意，但是，如果销售人员拥有了幽默的语言能力，那么，哪怕是与客户初次见面，也能制造出一种一见如故的轻松愉快的交谈气氛，大大有利于后续的交流和推销活动。

一个年轻小伙向一位老人家推销放大镜，眼看就要成交了，但老人家忽然看到小伙子手上有一块刺青，老人立马说不要了。小伙子眼角瞟见老人看到自己有刺青才说不要购买的这一举动，小伙子灵机一动说："低价未必没有好货，就像我手上有刺青一样，有刺青的不一定是流氓，他可能是岳飞。"听小伙子这么一说，老人家哈哈笑着竖起大拇指，连说："小伙子不错，我买了！"

"货卖不成话不到，话语一到卖三俏。"其实，每个人都喜欢和幽默风趣的人打交道，而不愿同一个死气沉沉的人待在一起。平时工作、生活中的压力，已经压得人们透不过气来，销售员何不通过幽默的语言使他们开怀一笑，也为自己的销售工作减少阻力呢？

事实上，一个成功的销售员，一般都是具备幽默感的。销售人员恰到好处地使用幽默的话语，会调节紧张沉闷的气氛，会让客户在会心一笑后，对销售员的产品或服务产生好感，从而诱发客户的购买欲望，促成交易的迅速达成。

因此，销售员不妨试试培养自己的幽默感，在与客户沟通时，多用幽默诙谐的语言打破紧张沉默的局面，营造一种轻松愉悦的氛围。平时要做到：

1. 领会幽默的真正含义

要想学会幽默，先要知道什么是幽默。真正的幽默不是油腔滑调，也不是嘲笑或讽刺。正如有位名人所言："浮躁难以幽默，装腔作势难以幽默，钻牛角尖难以幽默，捉襟见肘难以幽默，迟钝笨拙难以幽默，只有从容，平等待人，超脱，游刃有余，聪明透彻才能幽默。"

所以，想要在客户面前展现自己的幽默，平时就要多修炼自己的内心，不断雕琢自己的说话方法、方式。一定要注意：不应把自己的快乐建立在别人的痛苦之上。揭人隐私、讥人之短的行为是为人所不齿的，要杜绝自己有这样的行为。幽默的人，能融于生活，乐此不疲，也能跳到生活之外，站在高处，放眼人生，以智者的眼光看待一切，这才叫豁达，这才有了幽默。

2. 丰富自己的知识

幽默是一种智慧的表现，它必须建立在丰富的知识的基础上。如果一个人对古今中外、天南地北的历史典故、风土人情等都有所了解和掌握，再加上有较强的驾驭语言的能力，说话就会生动、活泼和谐趣。这也就是为什么古今中外著名的幽默大师，往往又都是语言大师的原因了。

因此，要做一个有幽默感的人，必须广泛涉猎，充实自我，不断从浩如烟海的书籍中收集幽默的浪花，从名人趣事的精华中撷取幽默的宝石。另外，幽默也不能过于深奥，应通俗易懂，否则使人像猜谜一样，百思不得其解，也达不到欢娱的效果。

3. 培养乐观的信念

这一点对于销售人员来说尤其重要，因为我们平时的工作中总是充满了客户的戒备与敌意。你要使自己学会幽默，就要学会从容开朗，克服斤斤计较，生活中如果多一点趣味和轻松，多一点笑容和游戏，多一份乐观与幽默，那么就没有克服不了的困难，没有达不成的交易。

4. 敢于把自己当作笑料

幽默的乐趣很多来自敢于把自己当成笑料的勇气。比如，当你做错了某件事情时，如果你能笑谈自己的失误，并与他人同笑，那么你不仅给别人带来了愉快和轻松，同时也治愈了失误引起的痛苦。

销售员克劳德口才甚好，而且反应敏捷，善于随机应变。一次，他正在销售他那些"折不断的"绘图T字尺："看，这些绘图T字尺多么坚韧，任凭你怎么用都不会折断。"为了证明他所说的话，克劳德捏着一把绘图T字尺的两端使它弯曲起来。突然"啪"的一声，原本完好的T字尺顿时变成两截塑料断片了。机灵的克劳德把它们高高地举了起来，对围观的人群大声说："请仔细看看吧。女士们，先生们，这就是绘图T字尺内部的样子，咱们拆开看看，瞧它的质地多好啊！"

当你学会了如何笑自己时，你会发现你已经掌握了幽默这种能力。而且，敢于自嘲还有一个好处，有时你不知道对方是不是"开得起"玩笑，拿自己说事就避免了引起对方的不快，也不会使客户觉得你不尊重他。

开口时机不对，结果可能完全不同

每个销售员都希望自己拥有一副好口才，面对客户时可以滔滔不绝、口若悬河。但是，好口才可不是能说就行，口才的重点不在于说了"多少"，而在于是否说得"巧"。那些精明的销售员，最大的优点就在于善于察言观色，找准时机说出让客户乐于接受的话。

日本保险业推销大师原一平就很懂得这个道理。

在推销保险的时候，每当有客户问他："投保的金额要多少呢？我每个月要支付多少钱啊？"原一平会立刻把问题岔开："有关投保金额的问题以后再说。因为您是否能投保，要到体检后才能确定，所以目前最重要的问题，还是赶快去体检。"这样回答之后，有99%的客户不会再追问下去。

原一平为什么这样做呢？他解释说，因为在体检之前，"关于投保金额的问题，您还没有权利问我"合情合理；而等到体检通过，与客户谈妥投保金额之后，就要立刻收保费，绝不能耽搁。因为体检刚通过，证明自己身体健康，任何人心情都会比较愉快，这是收保费的最佳时机。万一错过了这个时机，就可能发生延期投保或降低保额等问题。

原一平可谓是洞察人心的高手了！同样一个人，同样一件事，你开口的时机不对,结果很可能就完全不同。你想一想,有人做生意刚赔了十几万,你就登门去推销,他能买吗?估计你心里也没底。

在别人心情好的时候,向他推销,成功的机会就更大!因为一个人心情好的时刻,也是他最大方、待人最和善的时候。俗话说,"人逢喜事精神爽"。一个好心情的人眼中的世界是明亮的,充满了阳光和希望;而一个人心情差时,则会表现得比较抠门,对别人的求助充满冷漠和厌恶。

1. 学会察言观色,把握开口时机

推销,绝对不是销售员的自说自话。如果你不懂察言观色,不管对方正处于工作紧张的时候、焦急的时候、盛怒的时候、放浪形骸的时候,还是正处于悲伤的时候,你都去推销,一定会碰一鼻子灰,不但说话的目的达不到,遭冷遇、受申斥也是意料中的事。

事实上,精于口才者,皆善于察言观色。不管是自己说话的时候,还是听客户说话的时候,我们都应该随时留意对方的面部表情、眼神、姿态以及身体各部分的细微变化,随时判断谈话的状态、对方的情绪变化,然后再将自己的观点、看法或要求恰当地表达出来,那么,你的成功率一定会大大提高。

2. 打造一张巧嘴,为客户制造好心情

所谓"嘴甜好求人",许多聪明人仅凭一张嘴就能让别人心甘情愿、毫无怨言地帮助他。

作为推销员,我们可以在上门向客户做推销的时候,对客户说这样的话:"恭喜您啊,王总!我刚在报纸上看到您的消息,祝贺您当选十大杰出企业家!"这样是不是让人听着高兴?这种话就像过年过节的祝福,吉祥喜庆,让人开心。或者给客户"戴个高帽":

"看得出来,你是公司里的重要人物!""你是我最重视的客户!""我可以随时为你优先服务!"等等。

所谓"伸手不打笑脸人",这种方法很管用,既能方便自己又能愉悦他人。当你向客户推销时,不妨也尝试使用一下这种方法。

3. 客户心情不好时,打好感情牌

一个人每天要接触各种各样的事物,不可能总是保持好心情的,遇到心情不好的客户,也是常有的事。谈工作肯定不会很顺利,但如果你看到对方心情不好,就立即走人,也会让客户感觉到你跟他就是公事公办,没有个人感情可言,那么你下次再去谈,他在内心里就会跟你有距离,对你这个人也不太会有好感。那么,我们应该怎么办呢?

其实,从某种角度来说,人在心情不好的时候,也是公关最好的时候。例如,我们经常见到或听说这样的情景:女孩子心情不好的时候,刚好有一男孩子来安慰她,后来俩人坠入了爱河。作为销售人员,也许你们的交情还没有到谈心的份上,那么,不妨编辑一条短信或微信,写上安慰的话,发给他;或者写张小纸条或小卡片,留上安慰的话,由前台转交;也可以买束花,如果条件允许的话。这样,他一定会对你的印象非常深刻。

塑造好声音为你的好口才加分

好的声音能够增添一个人的魅力,一个人即使面部有缺陷,但是说话的声音很好听,也会比那些说话声音有问题的人更有外在魅力;反之,那些原先被看成是很有魅力的人如果和说话声音扭曲、奇怪联系在一起的话,那他的魅力就会大打折扣。

那么,作为销售人员,我们应该如何让自己的声音为魅力加分而不是减分呢?

1. 不要用鼻音说话

用鼻音说话会给人消极压抑的感觉,让人不舒服。一般情况下,电影中用鼻音说话的那个人总是一个脾气很坏、性格很固执的坏老头形象。因此,如果你希望说服客户,就千万不要用鼻音说话,要用胸腔发音。只有字正腔圆的说辞才能对别人产生说服力。

2. 声音不能刺耳或过低

我们印象中那些尖锐刺耳的声音,往往都是女人在遭受惊吓或刺激时发出的声音,或是生性泼辣的女性骂人时发出的声音,那些声音会让人感觉非常不舒服。但是,声音过低也不好。它会让人觉得此人身心疲惫、萎靡不振。而且这时发出的声音会让别人听起来十分苍老,缺乏热情和力量。尤其不适合销售这一职业。

事实上，即使你以最低的声音说话，你的声音也需要助力，低语与柔和清晰的说话绝不相同。千万注意自己的声音要表达适度，只有这样才能进行有效的交流。

3. 去掉"嗯嗯啊啊"的口头禅

许多人讲话时都会使用"嗯、那个、然后"之类的口头禅，当你发现他人使用口头禅时，你一定会感到这些词语是多么令人烦躁，多么单调乏味。那么，就请你记住奥利佛·霍姆斯的忠告——切勿在谈话中散布那些可怕的"呃"音。如果你有录音机，不妨将自己打电话时的声音录下来，听听自己是否有这一毛病。一旦弄清自己的毛病，那么在以后与人讲话的过程中就要时时提醒自己注意这一点。

4. 嘴唇不能僵滞

一个人如果在说话时嘴唇僵滞或者懒散，往往会出现口齿不清、省字连词的情况，这样别人根本听不清楚他在说什么，甚至会因此产生误解。而且，这样的说话方式也会让这个人看起来十分不自信，甚至有些唯唯诺诺。因此，销售人员在与客户对话时，一定要注意表情的搭配，用丰富的表情调动起脸部肌肉的运动，只有这样你的交流状态看起来才是积极的，也才能调动起客户的积极性。

5. 调整好语速

如果语速过快，别人可能会遗漏一些信息，最后导致对方根本听不懂你在说什么。如果语速过慢，对方就会产生倦怠感，根本无法坚持听下去。一般来说，适当的说话速度为每分钟120~160个字。

6. 注意声调和语调

声调即单个词的调子，语调即贯穿整个句子的调子，两者决定了声音的高低抑扬。有些领导抱怨自己讲话时下属会露出困倦的表情，其实这是因为他自己发出的是一种滴滴答答的单调之声，让别人根本听不进去。所以，我们在与客户谈话的时候，一定要注意抑扬顿挫，这样才能给你的话增添丰富的效果，增强吸引客户的魅力。

第四章

会赞美是销售员的标配

面对自己的偶像,每一个粉丝都是赞美他人的一把好手;面对客户,每一个销售员也应该练就赞美的艺术。

夸人,是一个"技术活"

没有人不喜欢被赞美,只有不会赞美别人的人。现实生活中,大多数人仅止于知道赞美的重要,却不熟悉赞美的方法和技巧。

其实,赞美绝不是专拣好听的话胡说一气,这实际上也算是一种"技术活",如果赞美的方法不当还会起到相反的作用。

那么, 如何才能让赞美在你的客户身上发挥出它的"功效"呢?

1. 给足面子

林语堂先生曾经说过一句很有意思的话:"在中国,脸面比任何其他世俗的财产都宝贵。它比命运和恩惠还有力量,比宪法更受人尊敬。因此,大多数情况下,只要销售人员在面子上给予客户满足,往往就会大大提高成交的概率,比说多少好话都管用。

例如下面这个例子:

A经常去一家商务会馆消费, 于是, 会馆的经理向A推荐了VIP会员卡的项目。A考虑了一下,觉得比较划算,就马上办理了一张会员卡。

一次,A请几个顾客在那家会馆吃饭,吃完后A去前台结账,她出示了自己的会员卡,服务员接过去一看,是老板签字的会员卡,立刻满面笑容,不仅酒水按七折算,海鲜也打了八折,这让她省了不少钱,而且后来经理还亲自送来一盘水果布丁,说是算自己请客,希望她们下次光临。这让A觉得自己在顾客面前很有面子,自然也就成了这家会馆的常客了。

这里,会馆经理就是在利用一切可以利用的机会,对顾客展开了"面子恭维术",既让顾客的自尊心得到了满足,也让她风风光光地把钱掏了出来。

当然,对客户进行恭维时,既可以是实际的行动,也可以只是口头的赞美。特别是在有他人在场的情况下夸奖他,可以极大地满足他的虚荣心。

2. 放低姿态

人都有"好为人师"的自大心理,所以在许多时候,以低姿态有针对性地去请教客户,以自己的普通甚至低劣凸显对方在某方面的高明或优势,就可以起到赞美他人的作用。恰到好处地使用此种方式,既成功地赞美了别人,又能给人留下为人虚心好学、进步的好印象。

3. 不露痕迹

虽说每个人都有喜欢被别人恭维的心理(即使那些平时说讨厌"拍马屁"的人其实内心也是喜欢听恭维话的),但从传统心理上说,人们在受到称赞时又往往会表现出窘迫,不好意思接受直接的赞美,更不好意思轻易赞美别人。

其实,这个矛盾不难解决,关键是恭维话要说得巧妙,不显山露水,不露丝毫痕迹,恰到好处,赞美和被赞美的人就都会恰然自得了。

例如,美国图书推销高手比恩·崔西,有一次遇到了一位非常有气质的女士。当那位女士听到崔西是位推销员时,脸一下子就阴了下来，她说："我知道你们这些推销员很会奉承人，专挑好听的说，不过，我不会听你的鬼话的，你还是节省点时间吧。"比恩·崔西微笑着说："是的，您说得很对，推销员是专挑那些好听的词来讲，说得别人昏头昏脑的。像您这样的客户我还是很少遇到，特别有主见，从来不会受别人的支配。"结果呢？自然是这位女士的脸由阴转晴，很爽快地买了一套书籍。后来，她又在崔西那里购买了上百套书籍。

　　崔西"借题发挥式"的一番话，恰恰是不露痕迹地巧妙称赞了对方，让对方在不知不觉之中潜移默化地受到融洽气氛的感染。

　　在具体的沟通过程中，不露痕迹的赞美还有很多种，例如我们也可以从对方的职业、籍贯、民族、习俗、地域、特产、气候特点等方面入手——"听说您的母校非常有名，出了许多优秀的人才。""您是山东人呀，山东真是太厉害了，自古就出英雄好汉。"……总之，只要能找到恰当的契合点，就一定会让对方听得"心花怒放"。

客户的名字，就是攻心的咒语

生活中，我们常有这样的感受：路遇多年前的老师、领导、同事，如果一见面对方能一下子叫出自己的名字，我们的心中难免会有几分窃喜，感到自己被人尊重；久未谋面的同学、朋友偶然相见，彼此能叫出对方的名字，一种久违的亲切感会穿越时空，温暖心田。

这其实就是人的自我意识在"作祟"。一个人长大成人之后，随着独立性的增强，逐渐会形成对自己的认知和评价。名字定向指向我们独特的个体，是一个人自我意识的一部分，每个人都会对自己的名字特别敏感。也因此，对于那些喜欢我们名字并能记住我们名字的人，我们通常都会对其产生好感，觉得对方对我们有兴趣，在心理上会产生一种受重视的感觉。

从这个意义上来说，客户的名字，就可以作为销售人员攻心时的咒语。假如你能够尊重并牢记客户的名字，可以说就是对客户最大的恭维，这非但能在你们之间建立起良好的人际关系，而且对销售业务的拓展也大有帮助。

例如，安德鲁·卡内基，从原本对钢铁行业一窍不通，到成为举世闻名的钢铁大王，他成功的秘诀之一就是：极为尊重别人的姓名。

10岁时，卡内基无意间得到一只母兔子，不久，母兔就生下一窝小兔子。可是,他的零用钱有限,确实没有足够的钱买食物来喂这一窝小兔子。于是,他想出了一个点子,他告诉邻居家的小朋友,只要他们肯拿食物来,他将用小朋友的名字为小兔子命名。小朋友听了,立刻踊跃提供食物。这件事给卡内基极深刻的启示:人们非常在乎自己的姓名。

卡内基长大成人后,有一次为了竞标太平洋铁路公司的卧车合约,与竞争者布尔门铁路公司针锋相对。双方为了中标,不断削价火拼,均已无利可图。

不久,卡内基与布尔门都到纽约去见太平洋铁路公司的董事长,他们在饭店门口巧遇了。

卡内基对布尔门说:"我们这不都是在作践自己吗?"

布尔门说:"你指的是什么呢?"

卡内基向布尔门陈述恶性竞争的危害,并提议化解前嫌,彼此携手合作。布尔门认为有点道理,可是仍旧无法全部接受。

布尔门突然问道:"假如我们合作的话,新公司要取什么名称好呢?"

卡内基想起了童年养兔子的往事,他断然回答:"当然要取'布尔门卧车公司'啦!"

布尔门听了,顿时双眼发亮,两人很快就达成了合作协议。

又有一次,卡内基在美国宾州匹兹堡建了一家钢铁厂,专门生产铁轨。当时,美国宾夕法尼亚铁路公司是铁轨的大客户,该铁路公司的董事长叫汤姆生。卡内基又想起兔子的故事,于是,他就把新建的钢铁厂命名为"汤姆生钢铁厂"。

卡内基这一套"尊重别人姓名"的本事,使他无往不利,生意兴隆,最后建立起了他的钢铁王国。

可见，记住名字，虽然只是一个小小的细节，但在客户心里却是十分重要的。难怪公关专家经常强调，从事服务业的人，只要能记住客户的名字，客户就会跟着你走。

了解了客户名字的重要与价值之后，我们就得进一步设法牢记别人的姓名。也许会有人说："我就是记性很差，老是记不住别人的姓名。"或是说："我的记忆力不好，因此人跟名字就是对应不起来。"或者说："我太忙了，实在没有时间记住他们的名字。"不过，真的是这样吗？

其实，多数人不记得别人的名字，只因为不肯花必要的时间和精力去专心地、重复地、无声地把名字耕植在他们的心中。雪佛兰通用汽车分公司的总经理巴布·兰德能牢记6000个人的姓名，美国邮务前总长杰姆能牢记50000个人的姓名！

或许我们无法做到这种程度，但是对一般人而言，记几十个、几百个姓名应该并不难。其实，记人名就跟背英文单词一样，只要肯用心，下苦功，必有所成。

表达你的好感，因为喜欢会传染

人往往会把自己当成世界的中心，把自己作为衡量一切的标准。人的这种本性决定了，当人们发现一个人喜欢自己，不管对方客观情况怎样，都会无条件地喜欢对方。

对此，心理学家曾做过一个实验：

他们安排互不相识的被试者分别参加一系列合作性活动。每次交往以后，有意安排一名被试者（研究者的助手）对研究者评价其他被试者（真被试），或夸奖，或抱怨，或先褒后贬，或先贬后褒，并让各组被试者听到。

最后，被试者自己选择下一阶段实验的合作者时，受到表扬的被试者，都倾向于选择原来的伙伴（研究者的助手），而受到抱怨的被试者，则倾向于拒绝选择原来的搭档（研究者的助手）。

心理学上对此的解释是，任何人都有保持自己心理平衡的稳定倾向，都要求自身同他人的关系保持某种适当性、合理性，并根据这种适当性、合理性使自己的行为以及和别人的关系得到调整。这样，当别人对人们做出一个友好行为，对人们表示接纳和支持时，人们会感到"应该"对别人报以相应的友好应答。这种"应该"的意识，会使人们产生一种心理压力，迫使人们也表示相应的接纳行为。否则，人们的行为就是不合理、不适当的，就会妨碍自己以某种观念为基础的心理平衡。

除了这种"善意回报"心理之外,还因为喜欢我们的人会使我们体验到愉快的情绪。只要一想起他们,就会同样想起和他们交往时所拥有的快乐,因而看到他们就自然有了好心情。更重要的是,那些喜欢我们的人,使我们受尊重的需要得到了极大的满足。因为他人对自己的喜欢,是对自己的一种肯定、赏识,说明自己对他人或对社会有较大的价值。

所以,如果你想让你的"目标人物"喜欢并尊敬你,就要先让他知道:你喜欢并尊敬他。也就是说,作为销售人员,你大可利用这个心理效应,去赢得客户的好感,从而说服对方购买你的产品。

从表达方式上来说,可以参考以下几点:

1. 直接式

直接将你对对方的好感,明确地传达给对方,这是最有效的方式。

2. 暗示式

除了"直抒胸臆"的表达方式,我们还可以这样说:"我一向比较怕生,但是见到××先生,却一点也不觉得拘谨""见到您,觉得心里很踏实。"你可以通过这样的话,把自己对对方的好感暗示给对方。只要对方不是特别讨厌你,也会立刻喜欢你的。

我们还可以暗示对对方感兴趣。"你的个性怎么样""中午吃的什么呢""有没有孩子",对对方的这些细微的问题表现出兴趣,可以暗示你喜欢对方、关注对方,就更容易得到对方的喜欢。

3. 间接式

让我们先来看一个真实的故事。

骗子先带了一位外国人到咖啡厅,对服务小姐说:"他是阿拉伯王子的朋友!"然后,他把想要交往的女性带来,自己却借故走开。这个女性觉得不安,便问服务小姐:"他是谁?"服务小姐便回答说:"听说是王子的朋友。"因为相信了第三者的消息情报,这位女性便上了当。

由此可知,一个情报一旦被当成第三者的思考或意见被传达出来,就会增加可信性。

根据人的这个心理特征,销售员可以把自己对客户的喜欢、尊敬,诚恳地告诉第三者,比如你们共同认识的人。一旦该信息传到对方耳中,他对你的态度一定会变得更好。

需要特别指出的是,作为销售员,每天要面对许多从未谋面的人。我们不可能对所有的客户都抱有好感,但即使我们不喜欢一个人,也最好不要表现出来。非指示治疗法的创始人C. R. 罗杰斯曾经说过:"心怀'无条件的好感'去面对对方吧!对方必会敞开心扉,对您怀有好感。"当你初次面对一位抑郁的人时,可以反复在心中默想:"他是好人!"这种感觉不知不觉地也会感染对方,使其心胸敞开。相反,如果我们想,"真是个讨厌的家伙",原本不怀敌意的对方就会真的如我们所想,变成讨厌的人,就会对我们怀有敌意。

总之,"喜欢是会传染的",只要你表现出喜欢对方的样子,往往就会让客户对你产生好感、接受你,这样你的生意才好做。

客户爱听什么，你就说什么

在销售的过程中，你一定碰到过这样的情况：自己已经使出浑身解数向客户推销产品，却还是吃力不讨好；而那些和客户说说笑笑，对产品只是一带而过的推销员却能够成功地征服客户。这是为什么呢？

其实，这其中的关键就在于能否投其所好。正如台湾著名成功学家林道安所说："一个人不会说话，那是因为他不知道对方需要听什么样的话；假如你能像一个侦察兵一样看透对方的心理活动，你就知道说话的力量有多么巨大了！"当销售人员可以做到投其所好，把话说到客户的心坎上时，语言沟通就成了维护双方关系的"润滑剂"，进而有助于销售朝着预期的目标顺利进行。

一般来说，我们可以从以下几方面入手：

1. 兴趣爱好

在与客户建立良好关系的过程中，如果双方兴趣一致，就很容易产生共鸣，迅速消除彼此的隔阂。无论你们是否有这种默契，你都要重视对方的兴趣，这是你获得突破的关键点。

不过，想与客户的兴趣爱好建立一种特殊关系，单单说一句很感兴趣的话是不够的，你必须花时间研究对方的兴趣。专家给出了和他人交谈兴趣的三个步骤：第一，找出他特别感兴趣的事物；

第二，针对那感兴趣的事物，预先获得若干知识；第三，对他表示出你对那件事物真的感兴趣。

总之，请牢记，客户的兴趣所在，暴露了他大部分的个性、习惯，以及价值追求。能够以兴趣点为突破口，通过投其所好顺利达成目标，实在是发展关系、完成合作的有效手段。

2. 得意经历

其实，刚开始接触的时候，很多客户都会不自觉地对推销人员感到很厌烦，不过，如果你可以多谈谈或者引导客户多说自己的得意的事，这样很容易就可以赢得对方的好感和认同，这也就等于推销成功了一大半。

美国的金牌寿险推销员乔·库尔曼，把自己的成功归结为一句具有魔力的话："请问您是怎么开始您的事业的？"他用一个很典型的例子来论证这种魔力。

在他刚开始推销时，曾经遇见了一家工厂的老板，名叫罗斯。

库尔曼："您好，我是乔·库尔曼，是保险公司的推销员。"

罗斯："又是推销员。今天，你已经是第十个来我这里的推销员了。我手上有很多事情要做，没有时间听你说话。快走吧，别再烦我了，我没有时间！"

库尔曼："请允许我自我介绍一下，只需10分钟。"

罗斯："难道你听不明白吗？我根本就没有时间！"

这时候，库尔曼低下头去用了整整一分钟的时间看放在地板上的产品，然后张口问道："您干这一行有多长时间了？"

罗斯说："哦，22年了。"

库尔曼不失时机地接了下去，继续问道："您是怎么开始做这个的？"

这句话立即在罗斯身上产生了不可抗拒的魔力。他开始滔滔不绝地谈了起来，从早年的不幸到创业的艰辛，再到自己取得的成绩，一口气谈了一个多小时。最后，罗斯还热情地邀请库尔曼参观自己的工厂。那一次会面，库尔曼并没有卖出去保险，但是他却和罗斯成了朋友。然而，在接下来的三年里，罗斯却先后从库尔曼那里买走了4份保险。

"您是怎么开始您的事业的？"这句话其实就是为了提及对方得意的经历，引起对方的兴趣，这样，就使客户的自尊心得到了极大的满足，把你视为知己。这笔生意当然非你莫属了。

3. 生活习惯

每个人都非常重视自己，都喜欢谈论自己，也都希望别人重视自己，关心自己，客户也不例外。

有一位推销员准备拜访一家企业的老板，但是想要见到对方是一件困难的事情，因为如果一开始就引起对方的反感，那就注定要失败了。一个偶然的机会，推销员看到附近杂货店的伙计从老板公馆的小门里走出来，于是他急忙走过去问候。

两个人很快攀谈起来，推销员从伙计那里得知老板的衣服是哪一家洗衣店洗的，并很快找到了那家店铺。在接下来的沟通中，他又确定了这位老板西装的布料、颜色、式样等重要资料。更难得的是，店主还主动提到了老板的领带、皮鞋，以及谈吐与嗜好。这些信息太重要了，推销员喜出望外。

过了一段时间，推销员终于找到一个合适的机会，与这位老板展开了深入的沟通。由于推销员掌握了对方的有效信息,所以沟通起来非常顺畅,取得了良好的预期效果。

从客户的生活习惯入手,他一定乐于交谈,而一旦找对话题,就像有了销售的金钥匙,自然就会"芝麻开门"了。

第五章

以客户为出发点的话才受欢迎

在推销活动中,最重要的是客户而不是销售员自己。因此以客户需求为出发点的话才能真正打动客户,受到客户的欢迎。

语出真诚,大于卖弄技巧

在现实生活中,很多销售人员都将"赢利"作为工作的唯一目标。他们甚至为了使自己获得更多的利益,而不惜去损害客户的利益。这样做,可能会使你在短时间内获得不菲的收益,但是从长远来看,这无疑将会降低他们对于销售人员的信任感,长此以往,大量的客户流失也就是必然的了。

其实,销售人员与客户之间的关系从来不是对立的,也不是此消彼长的,而是互利的。销售人员要学会像对待朋友那样对待自己的客户,要亲切友好,不斤斤计较,让对方知道你真诚的合作愿望,这样会让客户在心理上得到极大的满足感,他会认为与你合作非常放心,自然也就会很容易促成销售的成功,并保持长期合作的状态。

那么,如何才能将你的真诚"说"出来,并让客户感受到呢?

1. 态度诚恳

一项调查显示,约有70%的客户之所以从某销售人员那里购买商品,就是因为该销售人员的服务好,为人真诚善良,客户比较喜欢他、信任他。

同一种产品的两个销售员,先后到一个客户那里去推销,可奇怪的是,后去的反而比先去的先拿到订单。这是为什么呢?

原来,先去的销售员进门之后,就开始滔滔不绝地向客户介绍自己的产品多么多么好、如何如何地适合他，他不购买就等于吃亏等。这样的话不仅没有引起客户的兴趣，反而让他很反感，于是客户很不客气地让人把那位销售员轰走了。

而后去的销售员，进去后并没有直接介绍自己的产品，而是很有礼貌地先说抱歉、打扰，还说了一些赞美和恭维的话，对自己的产品只是简单地介绍了一下。看到客户始终很冷淡，他觉得这笔生意已经很难做成，但既没有过多纠缠，也没有无礼而去，而是很诚恳地对客户说："谢谢您在百忙之中会见了我，虽然我知道我们的产品是绝对适合您的，可惜我能力太差，无法说服您。我认输了，我想我应该告辞了。不过，在告辞之前，想请您指出我的不足，以便让我有一个改进的机会，好吗？"这时，客户的态度却突然来了个一百八十度大转弯，他站起来拍拍这个销售员的肩膀笑着说："你不要急着走，哈哈，我已经决定要买你的产品了。"

很显然，人的因素，即销售人员在消费行为中所起的作用是非常关键的。要知道，客户是有血、有肉、有情感的人，他们需要的是真诚的沟通和交流，需要有人了解他们内心深处真实的想法和需求。只有当你的客户意识到你是在为他服务，而不是要从他的口袋里掏钱的时候，他才会降低自己的心理防线，进而非常乐意地接受你。

2. 实话实说

只有"真"才是善的、美的，才能被接受。也许有些销售人员为了订单而不择手段，欺骗的手段也不时地拿出来用。但是这种销售人员就算偶尔一两次成功了，但是绝对不会有第三次。而实话实说对销售人员只有好处，尤其是那些客户事后可以查证的事。

有一个著名的企业家,出身于一个穷苦的家庭。在还未开始创业前,他就懂得诚实经营的重要性。有一次,他半个月内就把自己的产品成功推销给了33个顾客,得到了公司领导的赞赏。可是后来,他突然发现自己所推销的这种产品比其他厂家生产的同样性能的产品要贵一些,心里十分过意不去,他想:如果我的客户知道了,一定以为我是在欺骗他们。这让他深感不安。

于是,第二天起,他毅然拿着合同书和订单,整整花费了三天的时间,逐一去拜访那些已经订货的客户,如实向客户说明了情况,并很友好地请客户重新考虑选择。

这种诚实的做法让那些客户相当感动,所有与他签了订单的客户没有一个解除合同,反而都成了他忠实的顾客。这个推销员的诚实给他带来了源源不断的客户,许多老顾客选择产品的时候,都会在老板面前夸奖这个诚实的年轻人。

凭着自己多年的努力和诚实的做人态度,这个推销员终于创立了自己的事业——开了一家属于自己的公司,并发展成了一个著名的大企业。

只有诚实对待,取得别人的信任,自己才可能获得利润。记住:诚实是无价的,是人际关系及商业行为中的至上原则。没有了诚实,人们再也不会相信你;没有了诚实,社会也会抛弃你。

3. 说到做到

自己承诺的事情一定要努力做到,这是成为一个诚信者的基本要求,也是销售人员必须具备的一项基本素质。要想成为一个令客户信赖和满意的销售人员,就必须兑现自己对客户做出的承

面对客户的质疑，一争辩你就输了

在销售过程中，销售员经常会遇到客户各种各样的质疑。但不管是对产品还是对价格的质疑，这里有一个销售员必须遵守的基本原则，那就是——不要争辩。只要一开口争辩，不管结果如何，你都已经输了。

有句销售行话是："占争论的便宜越多，吃销售的亏越大。"要知道，客户丢了面子，一定不会再向你买东西了。例如一位客户就曾经这样说过："不要和我争辩，即使我错了，我也不需要一个自作聪明的推销人员来告诉我（或试着证明）；他或许是辩赢了，但是他却输掉了这笔交易。"

所以说，销售员一定要回避与客户的争辩，更不要试图与他们去争辩，而是要想方设法引导他们去说，支持他们去说，鼓励他们去说，让他们公开发表自己不同的意见，这样对双方都有一定的好处。因为只有这样，客户才会感觉自己受到了重视，保住了面子，而你也知道了他心底真正的想法，这对销售的成功是极为有利的。

例如一位优秀的皮鞋销售员，就曾经这样定位自己的成功——"不要争辩"。接着他还举了例子来说明：

"有些顾客来你这儿买鞋子，总是横挑鼻子竖挑眼，将你的皮地询问了小孩的姓名,不一会儿,便拿来一张刚刚印制出来的精美奖状,上边印着孩子的名字。然后郑重地交给了孩子,欢迎他到可登机的年龄再来玩,到时,只要拿着奖状就不用排队,直接登机——因为你已经排过一次了。

拿着漂亮的奖状,母子俩满意地离开了太空穿梭游戏处,愉快地玩其他游戏了。

迪斯尼的服务人员就是这样成功地将一场小危机转化为宣传自己、留住顾客的最佳机会。而我们也可以看出:客户需要的是关心和重视。销售人员若能以客户利益为先,悉心地为其提供周到的服务和帮助,替他们解决问题和困难,客户才会意识到你是在帮助他,而非从他口袋里掏钱,继而降低心理防线,放心地接受你。

2. 站在客户的立场上,为客户着想

在消费过程中,很多销售人员总是一味地关心自己的产品是否能卖出去,一味夸赞自己的产品多么先进、多么优质,而不考虑是不是适合自己的客户、客户喜不喜欢。这样给客户的感觉就是你只关注自己的产品,只注重自己能赚多少钱,而没有为他考虑,自然会毫不犹豫地拒绝你的推销。

正如一位推销专家所说:"推销是一种压抑自己的意愿去满足他人欲望的工作。毕竟销售人员不是卖自己喜欢卖的产品,而是卖顾客喜欢买的产品,销售人员是在为顾客服务,并从中收获利益。"因此我们说,在推销活动中,最重要的不是销售人员自己而是客户。能否站在客户的立场上,为客户着想,才是决定销售能否成功的重要因素。

人性化地销售产品

销售人员在销售过程中应努力让客户得到应有的关怀、体贴和愉悦，这些有时候远远要比产品质量更能打动人。毕竟商品只是一种冰冷的东西，没有销售人员人性化服务的温暖，它的价值不过如此。

那么，如何才能做到人性化地销售产品呢？下面这几点建议或许可以帮助你赢得客户的心：

1. 给客户一些人文关怀

人人渴望被重视，也渴望被关怀。关怀是一种自内心而发的真挚情感，情感的力量是强大的，有时候比商品本身、商业项目、交易规模都要重要。多一些人文关怀就能体现出销售人员的人性化，就能维系销售人员与客户之间的感情，他们就越有兴趣和你做生意。

在美国迪斯尼乐园里，一位妈妈带着五岁的儿子排着长队，等待着登上梦想已久的太空穿梭游戏机。排了40分钟的长队，好不容易轮到了，母子俩却被告知：由于孩子年纪太小，不能登机做这种游戏。其实，在排队开始处和中间都有醒目的警语告示：10岁以下儿童，不能参加太空穿梭游戏。遗憾的是这位母亲没有注意到。

事情似乎就以母子俩扫兴而归而结束了，有告示你没看到怪谁呢？但迪斯尼的服务人员，却把失望的母子俩带到一旁，亲切诺,这也是销售人员的最重要职责。

如果你一旦发现自己无法兑现对客户许下的承诺,就要在第一时间向客户表示歉意,同时要诚恳地说明承诺无法实现的具体原因,如果有可能的话,还要主动提出具体的补救措施。例如:"王先生,对不起,我刚刚发现,最初答应给您的那款产品库存不够了。实在抱歉。正好库里还有一批产品,质量和功能与您要的那款完全相同,只是颜色稍有差别,我们还可以另外赠送您一些零配件,您看……"

对于那些已经向客户做出承诺、最终却无法兑现的事情,一些销售人员想当然地以为"只要客户不加以追究的话,那就可以蒙混过关了"。这纯粹是一种侥幸心理。客户既然当时要求你做出了承诺,就表明他们对承诺的内容比较关注,如果他们发现你最终没能兑现承诺,即使不加以追究,可是对你的不满也已经形成了。这时,你除了及时予以道歉,并想办法加以补救,别无他法。否则,客户的不满就会越积越深,最终达到难以调和的地步。

总之,销售人员不仅是在卖产品,其实更是在卖自己。掌握技巧是必要的,精明也不可缺。但是,千万不要把客户当成"傻子",也不要单纯地把客户当成"赚钱的工具"。让客户看到你的真诚,时刻放低姿态,要知道:暂时的付出会让你以后收获得更多。

鞋贬得一文不值。他们常常会告诉你哪种鞋子是最好的，价格适中，样式和做工是多么精致，说得头头是道，似乎他们是这方面的行家。在这个时候，你如果和他们争辩是没有丝毫用处的，他们这样讲说到底就是为了用相对较低的价钱买到皮鞋。

而这时，你就应该学会示弱了。例如，你可以恭维他的眼光确实很特别，的确会挑选鞋子，自己卖的皮鞋确有不足的地方，像样式不新颖了，不过鞋跟很稳固，鞋底不是牛筋底，走路的时候不会发出'笃笃'的响声，但柔软也自有它独到的好处呢……你在承认这鞋子有不足的同时从另外的角度把它的优点夸赞了一番，或许这正是他们中意的地方呢，这样就可以令他们心动。顾客费了这么多的心思在这上面不正好能表明他们对这鞋子很满意吗？"

可见，在销售中学会"示弱"，也是一种销售智慧。当你想与客户一争高下的时候，一定要懂得隐忍，主动把胜利的位置让给对方。只要客户高兴了，再谈生意就变得容易了。

而且，你要知道，没有哪一位客户是故意找碴的。客户在对你的产品挑毛病的同时，也是他对此产品真正感兴趣的开始。那些有时候看似很不可理喻的挑剔，很多时候正是"醉翁之意不在酒"。他们只是为了获得更优惠的价格、更好的服务，或者是显示自己的尊贵地位，让销售人员重视自己。

美国销售大师罗纳德·马科斯教授就曾经对此做过一个研究，结果表明：当客户有质疑时，销售成功率为66%，销售再商议为14%，销售失败率为20%；而当客户没有质疑时，销售成功率为54%，销售再商议21%，销售失败率为25%。可见，很多时候，喝彩的只是看客，挑剔的才是买家，那些嫌货色不好的人也许才是真心想买的人。

所以,不要再把质疑的客户当作敌人或称为难弄的客户,而是应该将他们的"刁难"视为销售成功的契机。不去争辩,而是以一种稳重有礼、正面积极的方式处理质疑,那么你也许就能够换回客户的"笑脸",达到自己的销售目的了。

关系再好，说话也不能"过界"

任何一个人，都需要在自己的周围有一个能自己掌控的自我空间，没有人能容忍他人闯入自己的空间，即使最亲密的两个人之间也是一样。这个空间就像一个充满了气的气球一样，如果两个气球靠得太近，互相挤压，最后的结果必然是爆炸。

体现在营销关系中，就是销售人员应该尊重客户私人空间不可侵犯的普遍心理，随时注意保持与客户之间的距离，给客户创造一种轻松、愉快而又亲切的环境，为下一步的销售工作埋下伏笔。

这就要从两方面注意，因为客户的私人空间，既包括物理空间，也包括心理空间。

1. 与客户说话保持1米以上的距离

让我们先看看下面这段对话：

副经理刚送走某公司的销售员，笑容立刻消失了，转身对总经理摇摇头。

副经理："这家公司不行，规模一定不大，一看就没有大公司的样子。"

总经理："何以见得？"

副经理："刚才那名销售员一直把身体贴得很近地跟我说话，我都看见他的头皮屑了。套近乎也不是这么个套法吧。"

总经理："嗯，有道理。"

就算你不介意自己的头皮屑被看到,别人还介意你身上的"跳蚤"跳过去呢!可见,销售人员一定要把握好与客户的距离,给客户充裕的物理空间。

一般来说,无论坐在你对面的客户是同性还是异性,你都需要与之保持身体上的一段"安全距离",与不熟悉的客户保持1米以上的距离,是比较合适的。如果是在客户的办公区域内拜访,客户的办公桌范围就是安全距离界限。不要四处张望,不要随意走动,更不要偷窥客户的电脑屏幕与文件夹,当然,也不要冒失地拿起桌上的小摆设,这些都是不礼貌的行为。

2. 避免与客户谈论过于私密的问题

与客户谈话的过程中,避免谈论私密问题,也属于私人空间成交法中不可缺少的一部分。即使有时候,有些话题是客户发起的,你同样也要注意不能随意议论别人的"软肋",因为你们毕竟不是发小知己,只是工作关系,且涉及很多利益问题,靠得太近,只会激起防范心理。

其实,跟客户聊私事也可以作为辅助手段,和他们聊些轻松的话题,增进一下友谊,也无可厚非。但是,作为一个销售人员,你要切记,聊工作内容才是你要做的正经事。当客户和你谈到私密的事情时,比较明智的做法就是巧妙地转换话题。你知道的事情越多,跟客户的关系越复杂,就越不好处理。

总之,尊重客户的"私人空间",关键就在于"度"的把握。而"度"在哪里,有时也会因人而异。善于揣摩客户心理的销售高手,可以轻易地让客户保留适当的私人空间,又在客户身上开辟出一块大大的工作区域。只有反复练习、思考、总结,才能悟出其中的奥妙,提高以后销售的成交率。

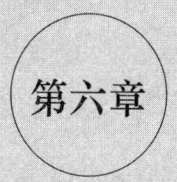

第六章

站在客户的角度考虑客户的需求

要想钓到鱼,就要像鱼那样思考。销售员如果不懂得站在客户的角度去考虑客户的需求,那么只能说销售功课不过关。

"专门"太沉重,"巧合"刚刚好

让我们先来看一个销售情景:

销售员:"近来身体还好吧?"
客户:"好,谢谢您!这个月的业绩不错吧?"
销售员:"不错,我很有信心。上次推荐给你的洗发液好用吗?"
客户:"好用。你们的沐浴露怎么样?"
销售员:"很好,含纯净甘油及天然蜂蜜,我哪天去你家,送你一小瓶试试?"
客户:"嗯……算了,我最近一段时间都比较忙。以后再说吧!"

明明想了解产品,却放弃了解的机会,是不是有些奇怪?你肯定也遇到过这样的客户:无论你打了多少次电话,说要登门拜访或去他家附近见面,对方都迟迟不肯答应会面。但在电话中听来,却又不是不想见你。

其实,如果你站在客户的立场上想一想,就明白了。他们之所以会拒绝你,原因多半是:你的行为让他们有了某种顾虑。你提出请求,为对方考虑,专程上门拜访或以对方方便为宜,这的确让人感动,但是,无形中,也增加了对方的心理负担。对方会想,你特意为这一点点事情跑一趟,既耽搁了时间,又耗费了精力,如果自己不能满足你的要求,不能让你感到愉快,心里会很内疚,反倒会觉得欠你人情。更有甚者,可能怀疑,为一点小事专门跑一趟,你会不会有什么别的企图?这样,对方可能会对你怀有戒心。结果,对方又怕欠人情,又心怀戒备,如果还有别的事情缠身,很可能就直接谢绝了你的好意。

与这样的客户见面,最好的办法是避免与对方约定确定的会面日期,强调"巧合",用"碰巧""可能""刚好在附近"等话引出你的请求。

比如下面这个例子:

汽车推销员:"×总,您好,我是××汽车的推销员。就是昨天给您打电话的那个小杨。"

客户:"您好。"

汽车推销员:"今天打电话来是想问问您考虑得怎么样了?"

客户:"哦,我还没考虑好。"

汽车推销员:"这样呀,我下午要去给客户送一辆车,刚好经过您家,这辆车碰巧跟您看中的那辆车的款式和型号一样。您要不要先试开一下?"

客户:"可以吗?那太好了。"

这种方法之所以有效,关键就在于强调了"巧合"的偶然性,减轻了对方的心理负担,让对方产生了"顺便"见一面的念头。比如我们告诉对方:"碰巧我朋友家离您那不远,我顺路见你一面,可以吗?""对了,过两天我刚好有机会到你家那片去。""我可能会到附近去拜访,到时如果你有空的话,可以跟我见个面吗?"……这样的请求与劝说,往往能够轻轻松松地打动对方的心。客户会想:不是专为我来的,那就好,来就来呗。

热情推销的，不如佛系卖家

有时，我们会发现一种奇怪的现象：那些围在顾客身边热情推销的销售人员，反而不如让顾客自由选购商品的卖家业绩好。

这是为什么呢？

这其实就是"自由感"的力量。"自由感"这个词包含着改变人们行为的实际影响力。简简单单对一个人说他是完全自由的，就有可能引导他完成你的心愿。

自由感是个人自发的实施某种行为必不可少的条件。在消费行为中，这种心理往往表现为：顾客更喜欢一种宽松的、自由的购物环境供他们观赏和挑选，如果销售人员过分热情，紧紧跟随，并且喋喋不休地介绍商品，会让顾客反感，会让他们感到一种无形的压力，反而趁早"逃之夭夭"。

不过，当一个"佛系"卖家，并不是完全对客户不理不睬，它也是需要一些口才技巧的：

1. 打招呼——热情却不过分

太冷漠会使客户失去购买兴趣，太过热情也会吓着客户：据日本的一家商业机构调查，在店门口伺立两名营业员，不时地向路人发出"欢迎光临"的邀请，又是微笑又是鞠躬。结果大多数的人都绕道而行。

那么，销售员应该如何来把握这个度呢？

这其中的关键就是你需要与客户保持恰当的距离，用目光跟随客户，观察客户。一旦发现时机，立马出击。一般来说，招呼的最好时机应该是客户的心理阶段在"兴趣阶段"最为理想。

以下几种情况是客户产生兴趣的表现：

当客户看着某件商品（表示有兴趣）；

当客户突然停下脚步（表示看到了喜爱的商品）；

当客户仔细地打量某件商品（表示有需求，欲购买）；

当客户找标签、价格（表示已产生兴趣，想知道品牌、价格、产品成分）；

当客户看着产品又四处张望（表示欲寻求销售人员的帮助）；

主动提问（表示客户需要帮助或介绍）。

当遇到这些情况的时候，销售人员就可以上前招呼了。不过，还要注意千万别出其不意地在客户的背后出声，恐怕会吓到人，应该是从侧面自然地打招呼，及时地为客户提供专业的产品知识。

2. 服务语——不买也不要紧

没有一个人喜欢被支配。如果你给客户试图支配他的感觉，他只能对你产生抵触，敬而远之。

总而言之，销售人员在做到热情、周到的同时，一定要给客户留有一个自由的空间，当感觉客户需要帮助时再给予帮助，对客户进行帮助时也要注意把握两个原则：一是两相情愿，二是适得其所。

客户感兴趣时,请停止你的表演

其实,客户的购买时机只有那么一瞬间,这在心理学上有一个名词叫"心理上的适当瞬间",指的是客户与销售员在思想上完全达到一致的时机,即在某些瞬间买卖方的思想是协调一致的,此时是成交的最好时机。若销售员不能在这一特定瞬间成交,成交的希望就会落空,再次成交的希望就变得渺茫。

因此,如何把握客户"心理上的适当瞬间",对销售员来说,实在是意义重大。

当感觉到客户的友好与购买兴趣的时候,销售员的职业习惯很容易错误地以为:"客户喜欢听我说的话,如果我告诉他们所有的事情,那么他们就会对我和我的产品印象更深刻。"实际上这是错误的。其实,当客户变得友好,表现出兴趣的时候,恰恰应该是你停止展示的时候。

一般来说,客户"心理上的适当瞬间"到来,必定伴随着许多有特征的变化与信号,善于警觉与感知他人态度变化的销售员,应该能及时根据这些变化与信号,来判断"火候"与"时机"。下面我们就来具体分析一下客户成交前的各种外在表现,以便销售员洞察客户的心理,及时并准确地抓住成交的信号,达成交易。

1. 语言信号

语言信号是客户在洽谈过程中通过语言表现出来的成交信号。这也是购买信号最直接、最明显的表现形式,只要销售员有意捕捉和诱发这些语言信号，就可以顺利促成交易。具体包括：

话题集中在某一独特的问题上，客户反复询问，这说明此问题是成交的最后一道坎，过去就好了；

客户对产品给予真诚的肯定和称赞，或者对产品爱不释手；

征询朋友的意见，说明他想买，正在求证；

询价或和你讨价还价，这是一个最显著的信号，谈好价格后基本就可以成交；

询问交易方式、购买手续、付款条件等；

对产品的细节如包装、颜色、规格等提出很具体的意见和要求；

客户提出"假如我要购买"的试探问题；

对产品质量或工艺提出疑问，说明他关心买了以后的使用，并为价格谈判做铺垫；

了解售后服务的各项细节。

另外，应当注意的是，语言信号中，还包括提出反对意见的。这类比较复杂，反对意见中，有些是成交的信号，有些则不是，必须具体情况具体分析，既不能都看成是成交信号，也不能无动于衷。

2. 表情信号

表情信号是客户在销售洽谈过程中通过面部表情表现出来的成交信号。及时发现、理解、利用客户表露出来的成交信号，并不十分困难，其中大部分也能靠常识解决，具体的做法是：一要靠细心观察与体验，二要靠销售员的积极诱导。当成交信号发出时，及时捕捉，并迅速提出成交。

具体来说,客户的表情成交信号包括:

当客户开始认真地观察产品,表示对产品非常有兴趣时,在听你介绍产品的时候若有所思地把玩产品,很可能他内心正在盘算怎样和你成交呢;

客户的表情从戒备、抵触变为放松,眼睛转动由慢变快,眼睛发光,腮部放松,这都表示客户已经从内心接受了你和产品;

在你讲话的时候,客户频频点头,说明你的"洗脑"已经成功;

脸部表情从无所谓、不关注变得严肃或者沉思、沉默,说明他在往心里去,可能由于下决心不容易,才有沉思和严肃;

态度由冷漠、怀疑变成自然、大方、亲切,也说明对你和产品的接受;

认真观看有关的视听资料,并不断点头;

当客户身体靠在椅子上,眼睛左右环顾后突然直视着你的时候,说明他在下决心呢。

3. 行为信号

行为购买信号是客户在销售洽谈过程中通过其具体行为表现出来的成交信号。客户表现出的某些行为是其心理活动的一种反映,这种购买信号主要是通过身体语言表现出来。比如:

坐姿发生改变,原来是坐在椅子上身体后仰看着你,现在直起身来,甚至身体前倾,说明原来对你的抗拒和戒备,变成了接受和迎合;

动作变化,从静止地听你介绍变成动态,或者由动态变为静态,说明他的心境已经改变了;

客户不再提问，而是认真地思索；

反复阅读文件和说明书，从单一角度观察商品到从多角度观察商品；

查看和询问有关成交条件的合同文本或查看订单；

打电话询问家人，或者打电话询问他心目中的专家；

请关键人物出场，或介绍相关人物；

对你倒水递烟，说明他很看重你。

当然，根据环境、客户、产品、销售人员的介绍能力及成交阶段的不同，客户表现出来的成交信号也千差万别。作为销售人员，一定要学会敏锐把握成交的信号，细心观察客户的细微表现，从中分辨客户传递给我们的信息。在收到客户希望成交的信号后，及时做出积极反应，达成交易。

把你的产品,推荐到客户的心里

兴趣是一切行动的动力,要想让客户购买产品,就要设法激发出来他们对产品的兴趣。客户对产品感兴趣了,购买的欲望就容易产生,而购买欲望产生了,购买行为也就容易随之而来;反之,则很难达成交易。

那么,如何能够引起客户对产品的兴趣呢?最好的办法就是找到客户与产品的共通点,把产品推荐到客户的心里去。也就是说,销售员要在销售的产品和客户之间找到一个连接点。这个点就是产品与客户的共通点,即产品的哪些特征可以很好地符合客户的喜好、凸显客户的品位。如果找到了这个共通点,再将这个点凸显给客户,自然就可以打动他们了。

那么,如何去做呢?

1. 事前准备

俗话说"未雨绸缪""有备无患",充分了解客户的信息,掌握与他有关的详细资料,可以帮助我们在销售中占据主动地位,不但有利于销售工作的顺利进行,而且有利于销售的成功。

2. 察言观色

客户的衣着神态、行为举止中都隐藏着他的个人信息,只有练就一副"火眼金睛",才能在察言观色中驾驭人心,将对方引领到我们所期望的方向,最终实现自己的销售目的。

让我们看下面这个销售事例：

一个年轻女孩走进了店里。米勒先是远远地观望了女孩一会儿，当女孩在一排睡衣前驻足了一会儿时，米勒走上前去："你好，小姐，请问你是需要睡衣吗？"

"啊，是。"米勒的出现，让这位女孩有些吃惊，特别是发现米勒是一名男性导购员。

"好的，这几款都是100%纯棉的睡衣，是店里新到的款式，非常舒适。"

女孩点点头，打量着米勒介绍的那几款纯棉睡衣的款式。

"我们这几款花色睡衣卖得也很不错，有些码都已经断货了，请问小姐大概穿多大码呢？"米勒又一次有礼貌地问道。

"嗯，我想要中号，但这两种花色，我不知道哪一个更适合我。"

"噢，我来看看。"米勒仔细打量女孩，女孩也配合地将睡衣放在自己身上比画给米勒看。

"嗯，我觉得紫色典雅大方，更适合您。"

"那中号是否会有些大？"女孩问。

"完全不会，睡衣宽松一点会舒适许多，并且纯棉多次洗涤之后会有一定的缩水，中号的即使缩水也会合穿。"

"嗯，真的不错，那就买这件了。"女孩爽快地决定了。

将女孩送到门口，从女孩的表情来看她十分满意米勒的服务。

"你怎么知道她喜欢紫色？"同事饶有兴味地问米勒。

"这很简单，你看她身上穿的外套是暗色的，背的包也是暗色的，这说明她对暗色的服装情有独钟。"米勒轻松地回答道。

"那你又怎么知道她会喜欢纯棉的睡衣？"同事又问。

"这一点是从她不张扬但看起来很舒服的装束上看出来的，她一定是一位低调、内秀的女性。总之，让她喜欢它，她就会买它。"

米勒回答。

米勒销售成功的关键之处就是基于对客户的观察及了解，这样就很容易在销售时巧用应对策略，让不同的客户都买到自己喜欢而且满意的商品，为自己赢得更多的利益。

3. 提问聆听

与单纯的察言观色相比，提问并认真聆听能令销售取得更快的进展，因为创建双向对话，是准确把握客户需求的最有力保障。

一位老太太去市场买水果。

第一个水果摊的小贩热情地招呼她："我这里有桃子、苹果、李子。您想买点什么？"老太太说："我想买点李子。"小贩赶忙介绍："我这里的李子，又大又甜，特好吃。"老太太听后却摇摇头。

第二个水果摊的小贩赶紧招呼老太太："我这里有很多李子，有大的，有小的，有酸的，有甜的。您要哪一种呢？"老太太说要买酸李子。小贩说："我这里有一种李子特别酸，您先尝尝？"老太太尝了一口，果然很酸，马上买了一斤。

老太太买完李子继续在市场中逛。她看到一个小贩的摊上也有李子，又大又圆很抢眼，便问道："你的李子多少钱一斤？"小贩说："您问的是哪一种李子？各种李子价钱不一样。"

"酸一点的那种。"老太太回答。

"别人买李子都要又大又甜的，您为什么要酸的呢？"小贩接着问。

"我儿媳妇怀孕了，想吃酸的。"

小贩马上说："老太太，您对儿媳妇真好！"

"哪里哪里，怀孕期间最要紧的当然是吃好，胃口好，营养好啊!"

小贩接过话头:"是啊,怀孕期间的营养是非常重要的,不仅要多补充些高蛋白的食物,听说多吃维生素丰富的水果,生下的宝宝会更聪明!"

老太太一听,便问小贩:"是吗?那你知道哪种水果含的维生素最多吗?"

小贩回答:"我看很多书上说猕猴桃含维生素最丰富!"

老太太马上又从这个小贩手里买了一斤猕猴桃。

从这个例子中我们看出,第三个店主才是三人中最优秀的销售员,而他准确把握客户需求并挖掘到了其背后的需求,靠的就是提问与倾听的技巧。

总之,你要记住,你卖的不是东西,而是客户的需求。有针对性地为客户推荐最适合的产品,才能让客户掏钱。

60%的客户拒绝理由并非真实理由

客户的某些话常常是"醉翁之意不在酒""话里有话",如果不仔细琢磨或者是理解错误,就很难把握客户的真正心理,形成一些误解,那么对于这次的销售来说,成功的希望就会变得很小。因此,对于销售员来说,有一定的领悟能力就显得尤为重要了。如果你能够从复杂的话语中领悟到客户想要表达的真正意思,这样才会了解客户的内心,赢得客户的好感,使客户不仅信赖你这个人,也会信赖你的商品。这是一个真正能把握客户心理、寻找客户需求的法宝。

这种能力并非是一朝一夕可以练就的,但在客户的潜台词中,有一些还是有迹可循的。例如:

1."价格太贵"的潜台词

"价格太贵",是销售人员面对客户拒绝时听到最多的一句话。很多人一旦听到客户这样的回答就放弃了。其实,我们还应该看到这是一个可以成交的"积极信号"。毕竟,每个人在购物时,都想用最少的钱,买到质量最好的东西。因此,销售人员必须学会如何从解决客户问题的角度来考虑你的产品陈述,而不只是做一个机械的产品代言人。

例如,有位客户想卖掉自己的大众车,换一辆更好的。车商给他推荐了一辆最新款的车,并且把车的性能说得绘声绘色。但是,客户最后拒绝了,理由很简单,"太贵了"。然而不久之后,客户却从另一个车商那里买了一辆更贵的车。这是怎么回事呢？原来，第一次车商推荐新车的时候，描述新车多么时尚气派，但是这不是客户看重的地方，所以他没买，以价格太贵为由拒绝了。第二个车商推荐新车的时候，没有描绘新车的具体性能，而是告知客户如果车辆有故障，维修要占用多少时间，一年保养花费多少。这话一下子说到了客户的心里，所以他就买了他的车。

2．"没有时间"的潜台词

客户可能真的很忙，更可能是认为和你谈话浪费时间。因为当一个人面对自己认为重要的事情时，他总会有时间；而当一个人面对自己毫无兴趣或者不重要的事情时，"我没时间"就是最好的推脱和借口。

对于一名销售人员来说，我们的时间也同样值得珍惜。当客户对你说"我没时间"时，你在第一时间就要做出判断，究竟是客户真的没有时间，还是客户有的是时间，只是对和你谈话不感兴趣。如果是前者，你要及时刹车，迅速投入到征服下一个客户的努力上去；如果是后者，你需要改变策略，在推销沟通里面多增加一些吸引客户的因素。

3．"考虑考虑"的潜台词

在面对销售人员的推销时，即使是那些确实有需求的客户，他们也往往会说出"我要考虑考虑""我们不会骤下决定""让我想一想"等诸如此类的话。作为一个聪明的销售人员，你一定要懂得察言观色，从客户的面部表情和眼神中分析出所谓的"考虑考虑"的真实意思。并加以解决，就有推销成功的可能。

如果客户很感兴趣，但又担心买了会后悔，你就一定要学会"趁热打铁"，引导对方下定决心购买你的产品。例如，当客户说出："嗯，这份计划看来相当不错，我考虑考虑看吧"时，销售人员可以说:"实在对不起。""有什么对不起呀?""请原谅我不大会讲话,一定是我的介绍使您有不明了的地方,不然您就不至于说'让我再考虑考虑了'。可不可以把您所顾虑的事情跟我说一说,让我知道一下好吗?"这样,既显得认真、诚恳,又可以把话头接下去。

  但是,如果你通过和客户交谈,了解到对方对你的产品确实很感兴趣,但又确实腰包里没有钱,当对方说"我考虑考虑"时,你就别再强求对方了;或者,如果客户对你的产品根本不感兴趣,为了给你面子,客户用了"我考虑考虑"来委婉拒绝你。你可以和他保持联系,不强求一时的交易,而应该做长期的朋友。总有一天,对方会购买你的产品的。

  当然,客户话语中的潜台词远不止这些。我们在销售实践中,还可以不断地总结,不断应用,不断提升。总而言之,在与客户的交往中,你一定要学会识别客户的真正意图。无论面对什么样的客户,我们一定要开动脑筋,发挥思辨精神,读懂客户的弦外之音。

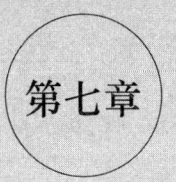

第七章

会提问,是销售员最有利的武器

提问绝对是一门艺术。销售员如果懂得提问的要领,并会适时提问,自然就会改善销售关系,推进销售进度。

正确提问，让真实需求露出水面

客户的需求是其购买产品的先决条件，其中包括客户的具体要求以及内在的购买动机等。销售人员对客户需求了解得越多越准确，成功的概率也就越大。

要想让客户暴露出更多的需求信息，销售人员必须学会如何向客户提问。

具体来说，销售员在询问客户需求时，应把握下面几点要求：

1. 问题必须切中实质

客户都希望被理解，在他们看来，"你理解其需求"要比"他了解你的产品"重要得多。当然，就算客户没有这样的心理，销售人员也必须首先了解客户的需求，这样就能针对客户的需要为他们提供恰当的服务，使买卖成交。

我们最好可以在约见客户之前，针对最根本的销售目标，根据实际情况进行逐步分解，然后根据分解之后的小目标考虑好具体的提问方式。这样制定出来的提问方式，不仅可以避免因谈论一些无聊话题浪费彼此的时间，又可以循序渐进地实现各级目标。

2. 建立对话的氛围

没有人会喜欢审问式的交谈方式，客户也不例外。审问式的交谈方式，会使客户有种被胁迫的感觉，增加客户的戒心，甚至招致客户的严重反感。而大量地使用封闭性的问题，就会造成审问式的交谈结果。所谓的封闭性提问是答案已经受到限定的提问，客户只能在有限的答案中进行选择，这些答案往往是"是""不是""对""错""有"或者"没有"等简短的答案，如"我能否留下产品的相关资料呢？""您是不是觉得和大公司合作比较可靠？"等。封闭性提问不仅会使客户产生被审问的感觉，而销售人员也只能从客户的答案中得到极其有限的信息。

要想避免审问式交谈，最佳方式就是多提开放性的问题。即销售人员不要限定客户回答问题的答案，而完全让客户根据自己的兴趣，围绕谈话主题说出自己的真实想法。通常开放性问题包括以下疑问词："为什么……""……怎（么）样"或者"如何……""什么……""哪些……"等。具体的问法还需要销售员认真琢磨和多实践才能运用自如。开放性提问可以令客户感到自然而能畅所欲言，有助于销售人员根据客户谈话了解更有效的客户信息。而且，在客户感到不受约束、畅所欲言之后，他们通常会感到放松和愉快，这显然有助于双方的进一步沟通与合作。

3. 保持谨慎和礼貌

弗朗西斯·培根曾经说过："谨慎的提问等于获得了一半的智慧。"因此，销售员必须在提问之前进行谨慎思考，切忌漫无目的地信口开河。如果销售人员提出的问题因为完全没有经过大脑考虑而显得愚蠢时，客户会心生反感，甚至会毫不犹豫地将销售人员赶出门外。

同时，销售员在提问时，还必须要对客户保持礼貌以及亲和力，不要给客户留下不被尊重和关心的印象。不管是什么客户，都不喜欢被鲁莽地打断言论，也不喜欢听销售人员喋喋不休地夸赞自己的产品，因为很多客户在购买产品之前都将销售人员视作怀有"不良企图"的人。但是，如果销售员以征求客户意见的态度向他们提出友好而切中他们需求的提问时，他们会渐渐放松对销售员的警惕和抵触心理。

设置悬念问题，吸引客户的注意力

好奇心是所有人类行为动机中最有力的一种。对我们来说，"为什么会这样？""到底是怎么回事？"之类的问题得不到解决，我们就会感到不安。解决了这些问题，则会使我们获得一种安定的情绪。

对于销售来说，我们大可利用客户的好奇心，通过设置"悬念"问题，引起客户的注意、吊起客户的胃口来打开销路、销售产品。

那么，什么样的问题才能够起到这样的效果、达到这样的目的呢？推销高手给我们的建议是：

1. 利用客户的求廉心理提问

求廉心理不涉及"小气""抠门"等个人品质问题，购买物美价廉的商品是客户基本的购物心理。不仅是经济收入较低者，很多经济收入较高而勤俭节约的人，也往往要对同类商品之间的价格差异进行仔细的比较，精打细算，达到"少花钱多办事"的效果。所以，我们不妨利用客户的这一心理，以如何省钱或赚钱等问题来吸引客户。

在家居卖场门口，这个销售人员对路过卖场的一位年过半百的女士说："阿姨，您信不信，每天您只需花0.16元就可以使您的卧室铺上地毯？"

这样的说法显然让这位女士感到有些莫名其妙，她表示了惊奇。销售人员继续说："让我给您算一笔账，假设您卧室有12平方米，我们公司销售的地毯价格为每平方米24.8元，这样您只需花297.8元就可将您的卧室铺上地毯。另外，我们的地毯可以完好地使用5年，每年365天，这样平均每天的花费就是0.16元。"

这个销售员就是通过巧妙地向客户提出省钱妙招，制造出神秘气氛，成功引起对方的好奇，然后在为客户答疑解惑时，很巧妙地把产品介绍给了客户。

2. 利用客户的从众心理提问

"从众"是一种比较普遍的社会心理和行为现象。也就是人们常说的"人云亦云""随波逐流"。客户这种心理自然也就给销售人员推销自己的商品带来了便利。销售人员可以以此作为提问的切入点，吸引客户的注意力。

比如，销售人员说："坦白地讲，赵小姐，我已经为你的许多同行解决了一个非常重要的问题。"这句话便足以让赵小姐感到好奇。

这里，销售员利用的便是客户的从众心理，或者说群体趋同效用，即如果其他人都有着共同的趋势，客户必然也会加入进来，而且通常想知道更多信息。因此，当赵小姐听到"解决了大多数公司都有的重要问题"时，肯定想知道是什么问题，你是如何解决的。这就达到了激起客户好奇心的最佳效果。

3. 利用客户的好为人师心理提问

"好为人师"也是人类的本性之一，我们喜欢在指导、教育别人的过程中来显示自己。如果销售员可以有意找一些不懂的问题，或装不懂地向客户请教,往往会引起他们的注意,而且,一般不会被拒绝。

比如:"王总,在餐饮营养方面您可是专家。这是我公司研制的菜谱,请您指导,在设计方面是否还存在什么问题?"

受到这番抬举,对方就会接过资料信手翻翻,一旦被不同的菜谱设计所吸引,营销便大功告成。

4. 利用客户的喜新心理提问

对于新东西,人们都想一睹为快。销售员提供新奇的东西可以激发客户的好奇心。更重要的是,人们不想被排除在外,所以销售员可以利用这一点来吸引客户的好奇心。

比如,销售人员这样提出问题:"先生,我们将要推出两款新产品以帮助人们从事电子商务。问题是,让你提前感知到这个信息发布对你的业务可能产生的冲击是不是很有必要?"

如果你的新产品发布的确与客户的业务相关,那么,客户提前了解就显得至关重要。你还可以告诉客户你要限制参与的客户数量并签订"不泄露"协议,从而使你的信息更具有独特性。

不过,利用客户的好奇心提问,有时候也会被客户认为是在耍花招,所以销售人员设置的"悬念"不应该太脱离实际,而且答案也要和客户的自身利益相关,因为你的答案如果只让客户觉得你一个人受益而他丝毫无利可图时,就会觉得受到了你的欺骗。没有客户喜欢被玩弄的感觉,所以,利用设置悬念来销售,一定要把握火候,不宜太过火。

选项式提问，没需求也能变需求

面对同一个问题，如果有太多的选择，往往会让人无从入手。尤其是对那些天生优柔寡断的客户来说，很多时候他们并不是对产品不满意，也不是不想购买，只是不知道该如何做选择。

针对这类客户，销售员最主要的就是要抓住主动权，帮对方缩小选择范围，让客户的思路跟随你的思路去走，从而增大其购买的可能性。

根据不同的销售情境，我们可以采用不同的方法：

1."二选一法"引导客户选择

销售人员让客户"二选一"的原理在于：在推销过程中既要给客户选择的权，又要适当缩小选择的范围，最大化降低顾客购买商品时的犹豫心态。

有甲乙两家卖粥的小店，店址都紧挨在一起，每天的顾客也相差不多，然而晚上结算的时候，甲店比乙店多出了百十元来，天天如此。

这是什么原因呢？原因就出在服务员身上，因为乙店的服务员在顾客进店坐定之后，就给顾客盛上一碗粥，并问顾客："加不加鸡蛋？"要是顾客说"加"的时候，她就给顾客加一个。每进来一个顾客，服务员都要问一句："加不加鸡蛋？"有说加的，也有说不加的，大概各占一半。

可甲店的服务员就不一样，尽管同样是问顾客加不加蛋，但是甲店的服务员问的是"加一个鸡蛋，还是加两个鸡蛋？"再进来一个顾客，服务员又问一句："加一个鸡蛋还是加两个鸡蛋？"爱吃鸡蛋的就要求加两个，不爱吃的就要求加一个。这样下来，在甲店喝粥的顾客就至少得加一个鸡蛋。

所以，一天下来，甲店要比乙店多卖出很多个鸡蛋。这样他们的盈利也就不一样。

这就是甲店的营销策略——用"二选一法"来引导顾客的思维，这样无形之中就为自己多赚了很多钱。这种方法表面上是把成交主动权让给了客户，实际上则只是把成交的选择权交给了客户。不管客户选择哪种答案，其结果都是成交。

2. 根据客户需求帮其选择

当客户对多个产品都很感兴趣但是又不想全买的时候，势必需要销售人员来帮他做选择。销售人员首先要通过与客户沟通了解对方的需求，然后再通过自己的专业知识，站在顾客的角度帮顾客选择出比较适合的产品。这样做不但能帮客户解决抉择的困难，同时也会在一定程度上达到"催单"的效果。

下面我们看一个汽车销售的例子：

王先生："我也不知道该买哪个。"

销售人员："王先生，是这样的。您看刚才您谈到所要购买的车应该是发动机功率为68Kw、扭矩在110Nm、最高时速必须达到150km/h以上，配置有电动后视镜、中控门锁、电动玻璃、6碟CD、真皮座椅。如果要在这些条件中进行选择的话，您认为哪个条件是必须满足的？"

王先生："我认为都重要，都要满足。"

销售人员:"我理解您的要求,只是在投资额已经确定的情况下,要完全满足所有的条件有一定的难度,您认为哪一点最重要?"

王先生:"发动机必须符合条件。"

销售人员:"羚羊OK款装备了日本铃木公司最先进的G系列1300CC四缸16气阀、直列水冷四冲程、多点顺序电子燃油喷射的全铝发动机,功率高达85马力,可与众多1.6L轿车媲美。最高时速170公里/小时;0~100公里加速时间小于15S;在60公里的匀速状态下,百公里油耗仅4.8L,是国内目前最省油的车之一。而且外形也很适合您的气质。"

王先生:"那16气门的发动机与12气门的发动机哪个更好呢?"

销售人员:其实都可以,而且该车除了您所关注的发动机性能卓越外,与其他车不同的是该车还配有车载冰箱,能够让您的驾乘更富有乐趣。该冰箱是进口原装的产品,质量非常好。如果您买其他的车再去配这样的冰箱,将要花费数千元。"

王先生:"真的吗,那太好了。"

销售人员:"那您是要黑色呢还是银色呢?"

王先生:"黑色吧。"

销售人员:"好的!"

当客户面对很多选择,而又不知道该如何选择的时候往往会变得焦躁。如果这时销售人员不帮其缩小选择范围的话,客户很可能会为了摆脱这种不舒服的心态而放弃购买产品。例子中的销售人员正是因为适时帮客户做出了选择,所以才促成了这笔交易。

总之,作为一名销售人员,你要知道,最主要的其实不是在卖产品,而更多的时候是在帮客户做选择。要善于给客户出选择题,告诉客户最佳答案,然后剩下的就是让客户去选择就可以了。

提问能让客户回答"是"的问题

根据科学研究表明,一个人在说了多个"是"之后,就很难说"不"了。这就意味着如果你可以让客户不断地回答"是",那么成交就有九成的把握了。

让我们看下面这段销售员与顾客的对话:

销售员:"今天的天气真不错啊。"

顾客:"是啊。"

销售员:"您住的小区的绿化搞得真好。"

顾客:"嗯,是的,住在这样的小区里,每天都能呼吸到新鲜的空气。"

销售员:"您家阳台上的那盆花是您养的吧,真漂亮。"

顾客:"那是我在日本旅游时带回来的,没有想到这种花在中国也能长得这么好。"

销售员:"日本还有这么漂亮的花,真让人羡慕。"

顾客:"是啊,在日本这种花不怎么贵,但是在国内,这种花就贵得吓人了,一盆这样的花要好几千呢。"

销售员:"我是某保健品公司的销售员,这里有一些保健品的宣传册,请您看一看。"

顾客:"是吗?"

顾客把销售员递过来的宣传册拿在手里开始翻阅,此时销售员又说:"我可以给您解释一下吗?"

顾客:"好的。"

销售要是到了这样的地步,那么成功的可能性就有了。这位销售人员之所以会问顾客那么多的问题,就是想利用顾客的惯性思维。因为顾客在说了多个"是"字之后就具有了一种惯性思维,要让顾客在接下来的谈话中打破这种惯性思维就不是那么容易了,所以销售人员如果能利用好这种惯性思维,那么成功就在眼前。

让客户说"是"意味着双方的交流是"启示式"或"询问式"的,这种方式的交流比普通的交流更有效。

1. 避开分歧不谈

跟客户谈话时,不要一开始就谈论一些双方可能有分歧的事,那样只会令气氛紧张,谈话无法顺利地进行下去。聪明的做法应该是:先强调双方都同意的事,并且不断地强调。最好是能得到肯定回答的问题,这将会对交易的成功起着举足轻重的作用。

2. 杜绝主观性议题

主观性的议题,作为推销人员应尽量杜绝,最好是做到闭口不谈,这对你的销售有好处。有些销售人员在与客户的交往过程中,难免无法有主控客户话题的能力,往往是跟随客户一起去议论一些主观性的议题,最后意见产生分歧。面对这种情况,不要和客户"上纲上线",应先随着客户的观点,一起展开一些议论,与其产生"共鸣",然后适时将话题引向推销的产品上来。

3. 顺着客户的想法提问

中国著名企业家史玉柱曾经说过:"与其改变消费者固有的想法,不如在消费者已经熟悉的想法上去引导消费者。"这就要求销售员一定要了解客户的一些背景资料,并且在交谈之初直接问客户对产品与服务的某些看法,然后从中引出进一步的提问,在认同对方观点的基础上,把客户引导到自己的想法上来。

4. 问常识性、普遍性问题

让对方回答"是",最有效的方法是销售人员把要说的话说对。"您之前也试过其他广告形式,但是效果不是很理想,是不是?""您虽然平时也很注重保养,但是一吃辛辣,还是会容易长痘,是不是?""您经常对着电脑,即使敷面膜,也还是会出油,是不是?"

问到这些普遍状况或常识性问题,客户通常都会说是,这不仅会让谈话在愉快的气氛中展开,无形之中他也会觉得你很专业,把他的症状"全说对了",这样拿下此人的概率自然就增加不少,后面的事也就水到渠成了。

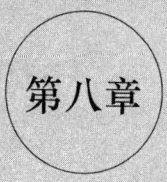

第八章

力戒千篇一律，见什么人要说什么话

人的性格各不相同，所以，对人讲话不能千篇一律。对销售员而言，更是如此，要学会见什么人说什么话，因事而变，因人而异方为上策。

对不同性格的客户,说不同的话

人各有情,各有其性。客户各不相同,你的说辞却千篇一律,那就怪不得客户对你的推销不"感冒"了。销售员要想在销售中取得成功,就要收集信息,准确定位客户的性格,然后抓住其心理软肋,充分加以利用,将潜在客户的购买意图转化为现实的购买行为。

粗略来分,人的性格可以分为外向型和内向型。

1.对外向型客户

外向型的人说话比较果断,能明确表达自己的意愿,语速也比较快,声调较为洪亮,愿意与人接触,待人热情,做事不拘小节。表现在消费行为上,直接是其最大特点。在购买商品时,如果他们喜欢就会很痛快地购买,不喜欢的话就会果断拒绝。在拒绝时也通常不会绕弯子、委婉拒绝,而多半会直截了当予以拒绝,而不管对方是否能下得了台。

其实,与外向型客户交流还是比较容易的。和这样的人在一起,销售人员也不会感到压抑。只要在下面几方面加以注意,销售工作就不难开展:

(1)及时赴约。外向型客户通常有很强的时间观念,对于时间的把握,他们甚至能精确到以分钟甚至是秒计算的程度。如果与这样的客户预约,一定要做到及时赴约,否则你会给这类客户留下一个没有时间观念的印象,从而会失去他们对你的信任。

(2)言简意赅。在与外向型客户交流沟通时,销售人员要注意把握交谈时间,说话言简意赅,切中要点,要尽量用最短的时间把最有用的信息传达给他们,不要给对方留下浪费时间的感觉。否则,会被视为在浪费时间,而不利于合作。

(3)事实说话。外向型客户的目的性很强,也很直接,他们只关心你的产品或者服务能否满足他们的要求,而通常不去管其他的方面。说服他们最好的方式就是用事实证明一切,其他烦琐的解释在他们看来都软弱无力,而且很没有必要。

(4)解答及时。外向型人做决策速度相当快,而且缺乏一定的耐心,一旦他就某项条款提出异议,你就要迅速做出最合理的解释。你必须跟上他的脚步,及时地提供信息以助其完成决策,只有这样,合作才有可能取得成功。

2.对内向型客户

在消费环节,内向型的人总是显得十分谨慎,对产品精挑细选,甚至久久拿不定主意,以至于消费的数量不多。对上门推销的人员,内向型人警惕性很高,态度很冷淡,不愿意交谈,说话极其有限,而且极有分寸,这样就使销售人员的工作很难展开。

不过,在内向型客户冷漠的神情之下掩盖着的是一颗火热的心,只要你获得了他们的认可,他们是很乐意和你一直合作下去的。

针对内向型客户不善言辞、不主动、不轻易相信他人的性格特征,销售人员必须先以周到体贴的服务方式取得他们的信任,这样才会使之后的合作更容易达成。

面对内向型客户,销售人员应该做到:

(1)详尽全面。内向型人往往心思敏捷,推理能力很强。针对内向型客户的这个性格特征和心理状况,销售人员在与之交流沟通中,讲话要富有条理和专业性,要把合作的优点和缺点一一展示出来,提供的信息也要尽量全面。

（2）富有耐心。在销售人员介绍产品或者服务时，内向型客户往往会认真倾听，他们会对销售人员提供的信息进行很认真的思考、推敲。由于考虑的事情很多，所以他们思考的时间较长，但是一旦分析完自己掌握的数据，认为自己足够了解销售人员推销的产品或者服务时，合作的成功性就会很大。因此，销售人员一定要有耐心，并适时保持沉默，给对方以足够的思考时间进行决策。

（3）积极主动。内向型客户属于慢热型，他们由于天生性格内敛、沉静，而且对于陌生人有一种天生的防御和警惕的本能，因此往往会表现得冷漠、无动于衷。但只要你获得了他们的认可，他们自然就会表达出十分的善意。等到彼此熟悉起来，他们就会变得十分信任你、依赖你，甚至让你替他们做决定。

而且，内向型客户在购买过一次你的产品后，如果结果让他们满意，你们之间就会有下次、再下次的交易。所以，内向型客户是值得销售人员努力与之建立稳定关系的。

客户三百六十行，行行有说辞

客户的职业，也会影响他们的消费结构以及购买产品的习惯。如果面对各行各业的客户，你都准备用同一套说辞来应付，是行不通的。

这里列举了一些常见的客户职业类型，并引导销售员可以做出有效的沟通方式。

1. 专家型客户

心胸宽大，想法富于积极性，可以并且有意当场突然决定购买，也很清楚交易的实际情况。如果称赞其知识丰富，就能引起他的购买欲。除了积极且热诚地介绍商品之外，也应该经常满足他们自负的心理。

2. 企业家型客户

心胸开阔、思想积极，因此，通常当场就能决定购买与否，而且他对交易的实际情形也了如指掌。你不妨称赞他在事业上的成就，激起他的自负心理，然后，再热诚地为他介绍商品，就比较容易达成交易了。

3. 经理人型客户

这类客户头脑精明，面对销售人员，态度有时会显得傲慢，拒人于千里之外，完全以当时的心情来决定对商品的分析及选择，不喜欢承受外来压力，只希望能按计划做自己分内的事。虽然他表现出一种自信而专业的态度，但只要你能谦虚地进行商品说明，多半还是能成交的。

4. 公务员型客户

这类客户常常无法自己决断,当销售人员说明了商品的优点,也不随便相信。因为提防的心理强,所以若是不积极进攻,他就不会购买。最初以稍微保守的介绍施加压力,然后慢慢地逼近,若不多花时间及热情,就不会成功,应该乘胜追击,一气呵成。

5. 工程师型客户

一般是比较理性的,很少用感情来支配自己,对任何事都想追根究底,头脑清晰,绝不可能冲动购买。因此,销售人员实在很难去引起他的购买动机。此时你唯有衷心赤诚地介绍商品的优点,同时尊重他的权利,才是有效的做法。

6. 医师型客户

他们是具有保守气质的知识分子,他们只有在明白了商品的价值之后才会买。因此,销售人员应该对他们展示自己的专业知识,而且,营销时必须注意保护他们的面子。

7. 警官型客户

以自己的职业为荣,一般疑心重,喜欢挑剔商品。但是,若与销售人员有了些共同的地方,即变得亲密。若彼此关系亲密了,就变成销售人员的好客户。应该设法激起其自尊心,必须倾听他们自夸的话,大大地表示敬意。

8. 大学教授型客户

保守,是典型的思索家,会慢慢地考虑事物。不会兴奋,极端谨慎。关于商品,会提出其他人都不会想到的问题。若能激起其自尊心,即能说服之。也不妨说些称赞他们才学广博之类的话,采取有意向他们学习的态度。

9. 银行职员型客户

保守且疑心重，会思索而不会凭一时的冲动做事。他们会以权力者的态度，多方分析、选择商品。喜欢有系统的事物，讨厌压力。对于这类型客户，如果一面展示充满自信的专家似的态度，一面展开保守一点的介绍，即能"围困"他们。

10. 普通职员型客户

这一类型的客户，他们希望自己及家人都能平平安安地过日子，而且不轻易地相信他人及浪费无谓的金钱。他们希望能存起每一块用他的汗水换来的金钱，只有了解了商品的真正好处，才会产生购买动机。

11. 护士型客户

对于自己的职业有自尊心，认为多赚钱的目的是为了追求更美好的生活。态度积极，对于任何商品都抱乐观的看法。销售人员只要抱着热情的态度介绍商品，他们就会买。而且必须对护士这个职业表示敬意，与其依赖逻辑不如诉求情感进行营销。

12. 商业设计师型客户

这一类型的客户有与普通人不同的观点来注视商品的倾向。对于将来的看法，既乐观又悲观。在思考的过程中易动摇，以多少不透明的态度凝视社会。对于此种人，若强调商品所具有的优点即能说服之。在说明商品的效用时，应该施加踏实而强烈的压力。

13. 教师型客户

由于工作的关系，善于说话，思想保守，对于任何事情若不理解便不会投入。销售人员应该对教师这个职业表示敬意，倾听关于其得意门生的话。最好激起其自尊心，展开虽然积极但稍微谨慎的商品介绍。

14. 退休工人型客户

这一类型的客户对将来非常担心，他们只能以有限的收入来维持生活。因此对于购买行为采取保守态度，决定及行动都相当缓慢。进行商品说明时，你必须恭敬而稳重。在刚开始时，如果你以刺激的情感速求交易，他们一定不会购买，你应先引导他们的购买动机。

15. 农民型客户

思想保守，自强，独立心旺盛，心胸宽大，受人喜欢，明白事理，即使有了可疑的事，也以善意接受。对于这一类型的客户，你可以用积极而情绪化的介绍打动他们，对他们诉诸感情或是"常识"较有效。只要博得信任，即会持续购买。但是，面对这种客户，即使彼此的关系非常亲密，也要注意礼节。

16. 营销人员型客户

对他们可以营销任何东西。他们性格直爽，颇有个性，观念清楚，购买时会凭一时的冲动下决断。对事物抱着乐观的看法，随时寻找理想的交易。如果让他们觉得你对商品内行，即能打动他们。应该表现你佩服他们身为销售人员具有的知识或工作态度。

购买态度有差异，说话技巧也要跟着变

客户的购买态度是影响其消费行为的主要因素。根据客户购买态度的差异，我们应选择不同的说话技巧：

1. 对理智型客户

客户特征：思维方式比较冷静，通常要做广泛的信息收集和比较，充分了解所需商品的相关知识之后，才会做出购买决策。

销售技巧：当你表现出你的专业和专注时，往往会赢得理智型客户的心。而不应该把营销策略的重心放在包装、装潢、广告等方面，因为它们的影响力对这类型客户购买行为的作用相当有限。

对于理智型客户来说，即使他的朋友已经买了你的产品，你也不要以为他会买单，他们购买产品往往要通过自己多次分析。因此，与理智型客户合作不能过于着急，你对待工作尽职尽责的态度，就会给客户留下一个可靠的印象，那也代表你已经取得了他们的心。

2. 对冲动型客户

客户特征：情感较为外向，随意性较强，最易受广告宣传、营销方式、商品特色、购买氛围、介绍服务等因素的影响和刺激，进而诱发出冲动性需求购买行为。

销售技巧：你只要时不时说出一些赞美的话语，使得客户心情始终保持愉快，推销即可成功。

一位身材还算不错的年轻顾客在服装超市试衣服，试了好多次，没有一件满意的。根据经验，导购员判断出这个顾客随意性较强，是属于冲动购物的类型。于是，在一旁对她说："这些衣服真不好，您完美的身材一点都没有被显露出来。"

年轻顾客一听，脸上的表情顿时起了变化，她直起了身子，在镜子里重新观察自己，这时镜子里的形象也发生了变化，年轻顾客发现自己原来这样令人赏心悦目，与之前的形象完全不同，刚才出现的那些问题也消失不见了。导购员看得出，这位顾客此时很满意，于是又赞许道："这件衣服真适合您的气质。""是的，它使我看起来精神很多，我好像一下子恢复了活力。"年轻女子惊奇地说。

可见，对待这类客户，我们就应该顺其心意，说到点子上，让客户内心触动。另外，对于冲动型客户来说，其购买意愿的实现过程较短，我们必须把握住客户的这个"热情劲"，速战速决，直接搞定。

3．对固执型客户

客户特征：较少受广告宣传和时尚的影响，其需求的形成多是由于长期使用某种特定品牌的商品而产生了信赖感，从而按习惯重复购买。

销售技巧：若只是一味地广告宣传、做促销去诱导，很有可能会付出失败的代价。正如对待洪水一样，我们堵不住，又不能放任自流，最好的办法是"疏导"。目的是给客户一个消费你产品的全新理由，这个理由一定是其他同类产品所不具备的。

某建筑工地，近十年用的都是某一家工厂的沙子。另一沙子工厂的销售人员多次上门推销，都被拒绝了。这一天，他又一次来找经办沙子业务的经理，不过这一次他一句话不说，只是把一张报纸摊在地上。从皮包里取一小袋沙子，突然往下倒去。一时间，办公室里尘土飞扬。"你这是干什么？"经理被呛得连连咳嗽。推销员从容不迫地说："这是贵公司现在用的沙子，我刚从你们的工地上取来的。"接着，他又在地上铺了一张报纸，倒出另一袋沙子，却没有飞扬的沙尘。"这是我们工厂的沙子。"就这样，这个销售员拿到了订单。

可见，我们可以对客户的消费习惯进行引导，把客户引向一个全新的领域，塑造出我们差异化的品牌形象。并且使产品质量保持长期的稳定性，促成客户的重复购买，形成对本产品的习惯性购买行为。

4. 对选价型客户

客户特征：对商品价格变化较为敏感的客户。他们往往以物美价廉作为决定购买决策的首要标准。

销售技巧：最好的方法就是促销、降价或者回赠物品，此时的商品相对于平时来说，价格就低了一些，于是客户就会抓住这一机会大量购买，通过与平时同类商品的比较来获得更大的满足。

许多选价型客户也并不是喜欢对产品的真实价钱仔细研究，而只是想买些更便宜的物品。

另外还要注意，选价型购买行为还有一种截然相反的表现形式——选高价行为，即客户更为乐于选择购买高价优质商品。从这个意义上来说，销售人员的销售方针还必须及时地实现从"优质低价"向"受客户支持的价格"转变。

第九章

客户的"痛点",就是你攻心的焦点

人性的一切弱点,都是攻心的突破口。销售员要在与客户的接触中,找到客户的"痛点",并将其作为攻心的焦点。

顺着说，销售场上不需要逆耳忠言

虽说"良药苦口利于病，忠言逆耳利于行"，但从心理学角度而言，人们对于和自己的主张不一致的说法以及反对意见都相当敏感，比如类似下面这样的说法：

"是这样吗？"

"我不这么认为。"

"我感觉不太对。"

不管是谁，如果遭到了这样的反驳，感觉肯定好不了，还可能破坏他的情绪。如果一个人的情绪变坏了，那后面的交流必然也不会愉快。

反过来说，如果对方的意见与自己一致，我们就会对对方产生奇妙的认同感，或者说是同感，美国得克萨斯大学的乔纳森·考拉教授将这种现象命名为"一致效果"。

因此，作为销售人员，我们就要在交流中多说一些肯定性的话，肯定客户的为人、能力、处事，哪怕是着装，那么在一致效果的作用下，就能增强他们对你的信赖感，这往往会对交易的顺利进行起到非常重要的作用。

某人决定买一辆新车，于是，他开着原来的旧车来到车行选购。车行销售员替他打开车门后说："呦，您这车子可真够漂亮的啊，在我见到过的二手车子中算好的。"他一听销售员说自己的车子漂亮，连忙表示感谢，并且说自己也非常欣赏这辆车。销售员接着说："这样吧！让我把估价员叫来，看看我们能给您这辆好车付多少钱。如果这辆车的机器也像外表一样好的话，今天就可以做成以旧换新的交易，包您满意。"估价之后，销售员再次说："先生，这确实是一辆好车。机器的情况比外观还要好。"他顿了一下，接着说，"当然，请不要误会，我很高兴您能到这里来，但我又有点儿好奇，您为什么在这个时候要把这么漂亮的一辆好车换掉呢？"其实，销售员心里非常清楚对方打算换一辆汽车，就一定有他自己的道理。果然这个人说："实话告诉你吧，大约再过三个礼拜，我们要去外地举行一次家庭大聚会，我想如果能驾着一辆凯迪拉克牌子的汽车去那里，就太完美啦！"

销售员一听，马上就表示他此举会在那次聚会中非常有面子，并开始计算。几分钟后，销售员以激动的声调说："先生，报告您一个好消息，由于您那辆车的状况良好，与众不同，您只要再付462145元，就可以换一辆新的凯迪拉克啦！"尽管这个价钱超出了他的预期，但是刚才和销售员交流得比较愉快，且拒绝了面子上也过不去，所以这个人最终接受了这笔交易。

当我们以一种肯定的态度与他人说话时，很容易获得对方的好感。所以，在销售中，销售人员应该给予客户多一些肯定，一两句肯定的话不会费很多事，却会起到意想不到的效果。

你可以试试在这些地方下些功夫：

1. 认同客户的观点

客户的观点或许并不一定正确，但是想要让客户认同你的观点，你就得先"认同"他的观点。这样作为"礼尚往来"，客户才可能放下戒备心理，从而开始试图接受你的观点。如果某些销售人员只是为了逞一时英雄、图嘴上痛快,而去出口否定客户的观点,后果可想而知。

2. 理解客户的心情

人人都渴望被理解。而且,人们往往对能够理解自己的人产生一种莫名的亲切感。所以,销售人员应该尽量站在客户的角度,理解他们的心情,掌握他们的心理,从而引导其达到自己的目的。

3. 感谢客户的建议

客户的建议往往是其内心最真实的需求。有时候客户提的意见连专家都想不到,它独特而真实,蕴藏着巨大的商机。所以,学着感谢客户的建议,不但能给客户留下一个好的印象,也能使自己的销售水平得到提高,甚至还有可能开创出新的市场。

巧着说，利用惯有的从众心理

有这样一个笑话：

有一个人在街上闲逛，忽见一长队绵延如龙，赶紧站到队后排队，唯恐错过购买什么新奇商品的机会。等到队伍拐过墙角，发现大家原来是排队上厕所，才不禁哑然失笑，赶紧悄然退出队伍。

这则笑话在让人会心一笑的同时，也揭示了一种比较普遍的社会心理和行为现象——从众。也就是人们常说的"随大流""人云亦云""随波逐流"。大家都这么认为，我也就这么认为；大家都这么做，我也就跟着这么做。即使东西不怎么好，也会在心理上有所安慰，毕竟大家都在买，肯定差不了，上当也不是自己一个人。

客户的这种心理当然也给销售人员带来了便利。例如"尿布大王"——日本著名的企业家多川博就是利用客户的从众心理打开市场的。

在多川博创业之初，公司采用新科技、新材料，生产出了质量上乘的尿布，也花了大量的精力去宣传产品的优点，希望引起市场的轰动，但是在试卖之初，基本上无人问津，生意十分冷清，几乎到了无法继续经营的地步。多川博先生万分焦急，经过苦思冥想，他终于想出了一个好办法。

他让自己的员工假扮成顾客，排成长队来购买自己的尿布，一时间，公司店面门庭若市，几排长长的队伍引起了行人的好奇："这里在卖什么？""什么商品这么畅销，吸引这么多人？"如此，也就营造了一种尿布旺销的热闹氛围，吸引了很多"从众型"的买主。

随着产品不断销售，人们逐步认可了这种尿布，买尿布的人越来越多。后来，多川博公司生产的尿布还出口他国，在世界各地都畅销开来。

当然，这种热闹的销售氛围不一定是有形的，还可以是心理上的无形队伍。对于销售员来说，我们完全可以运用自己的口才技巧，在客户的心理排起一条"长龙"：

1. 利用大多数人

被人视为怪异、孤僻，对大多数人来说都是不能容忍的。于是，人们就努力地去适应周围的环境，以保持心理上的平衡。而与社会上的绝大部分人保持一致（服装、发式、言语等），似乎是一种最为简便而又可靠的方法。

例如，一位日本销售员在销售缝纫机时，当客户表露出不太想买时，他会说："哦，当然，现在物价上涨，谁买东西都要计划一下的。一台缝纫机几百元，再怎么样也不能随随便便就决定。"然后他假装无意地说："忘记是哪个机构了——好像是轻工协会吧，曾经做过一项统计，结果表明85%的家庭都有缝纫机，这倒是挺惊人的。"

"85%"这个数字，无形之中使客户产生了"哇！那我家就包括在剩余的15%里头了！"的想法，从而产生一种不安感，生怕自己错过什么，进而产生了购买的愿望。

2. 利用知名人士

人们总是有这样的心理：名人生活的环境是非凡的地方，与名人有联系的必定是不一般的，基于这种心理，人们纷纷追逐、效仿名人。尤其当这个名人在别人心目中有较好的形象时，他就会被一种积极的光环所笼罩，从而被赋予其他良好的品质。这其实也就是心理学上著名的"光环效应"。打出名人的旗号，必然会让客户产生非常大的好奇心、信赖感，从而促使他们追随购买。例如，在淘宝网上的服装店里我们经常会看到这样描述的服装——某某明星同款羽绒服，某某明星最爱的凉鞋。也许这些服装店主就是卖一个样子，一个与明星同样的款式，但是，就是因为有了这样的明星效应，很多服装成了爆款。

3. 利用身边人群

当销售员为客户做第一次推销时，客户往往会因为对商品很陌生，而持怀疑态度。如果他身边的人群大都接受了，他也会做出相同的选择。

下面是一位化妆品销售人员和他的新客户的一段对话：

客户："这个牌子的护肤品以前没用过，市面上也没有卖的，不知道效果到底好不好。"

销售员："是啊，选择适合自己皮肤的护肤品的确很重要，正好我们店在周末举行美容沙龙，大家一起聚聚，聊聊美容护肤方面的话题，不知你有没有兴趣？"

客户答应了。

在周末的美容沙龙上，客户看到参加聚会的女士们个个都打扮得高雅大方，这让她非常羡慕，聚会中大家聊到的关于护肤的知识也让她获益匪浅。会后，她兴奋地问："她们用的都是这种护肤品吗？"销售员听客户这么问，马上抓住机会促成了生意，该客户也成了她的一位忠实顾客。

这个客户的心理之所以在后期产生了变化，就是因为她相信只有好的商品才会有这么多人使用，跟着大家的选择一定不会错，于是才做出了购买决定。

事实上，不管是什么方法，都不是万试万灵的。销售员在推销过程当中，一定要善于从每位客户的言谈举止中发现其心理倾向，然后再针对其心理态势寻找突破口，了解什么对这位客户具有最大的吸引力、什么是那位客户最为需要的。只有了解了这些，并满足他们迫切需要的利益，销售才能取得成功。

反着说，把你要卖变成他要买

逆反心理是人人都有的一种心理，是人的天性，在某些特定条件下，就会被激活，进而支配着人们的行为活动。

作为销售人员，你不妨深层次地研究一下这种心理倾向，在适当的时候，用此来引导客户，往往能收到意想不到的效果，即便是那些最"顽固"的人也不例外。

弗雷德先生的私家车已经用了很多年，经常发生故障，他决定换一辆新车，这一消息被某汽车销售公司得知，于是很多的销售人员都来向他推销轿车。

每一个销售人员来到弗雷德先生这里都详细介绍自己公司的轿车性能多么的好，多么地适合他这样的公司老板使用，甚至还嘲笑说："你的那台老车已经破烂不堪，不能再使用了，否则有失你的身份。"这样的话无疑让弗雷德先生心里特别反感和不悦。

销售人员不断登门，让弗雷德先生感到十分烦躁，同时也增加了他的防御心理，他心想：哼，这群家伙只是为了推销他们的汽车，还说些不堪入耳的话，我就是不买，我才不会上当受骗呢！

不久，又有一名汽车销售人员登门造访，弗雷德先生心想，不管他怎么说，我也不买他的车，坚决不上当。可是这位销售人员只是对弗雷德先生说："我看您的这部老车还不错，起码还能再用上一年半载的，现在就换未免有点可惜，我看还是过一阵子再说吧!"说完留了一张名片就主动离开了。

这位销售人员的言行和弗雷德先生所想象的完全不同,而自己之前的心理防御也一下子失去了意义,因此其逆反心理也逐渐地消失了。他还是觉得应该给自己换一辆新车,于是一周以后,弗雷德先生拨通了那位销售人员的电话,并向他定购了一辆新车。

可见,客户的逆反心理也是一柄"双刃剑",既会导致客户拒绝购买你的产品,相反也会促使其主动购买你的产品。如果销售员运用得当,很有可能会使客户态度发生180度的大转弯。例子中的销售人员就是从相反的思维方式出发,消除了弗雷德对推销的反感,从而使他主动购买自己的产品。

具体来说,销售员在利用客户的逆反心理来销售时,一方面要避免引起客户的逆反心理驱使其拒绝购买自己的产品;另一方面还要学会刺激客户的逆反心理,让客户自己产生强烈的购买欲望,你不卖他就会非要买。从正、反两方面来调动客户的积极性,使自己的销售工作获得成功。

1. 避免超限

从心理学角度来说,刺激过多、过强和作用时间过久都会引起心理极不耐烦或反抗的行为。

有个经典的例子:

美国著名幽默作家马克·吐温有一次在教堂听牧师演讲,最初,他觉得牧师讲得很好,使人感动,准备捐款。过了10分钟,牧师还没有讲完,他有些不耐烦了,决定只捐一些零钱。又过了10分钟,牧师还没有讲完,于是他决定,1分钱也不捐。到牧师终于结束了冗长的演讲，开始募捐时，马克·吐温由于气愤，不仅未捐钱，还从盘子里偷了2元钱。

这个故事启发我们，在销售中，不要为了尽快签单就一味对客户"穷追猛打"。你以为通过密集轰炸就可以把客户搞定，殊不知这样很有可能会起到相反的效果，令客户产生逆反心理。

2. 限制购买

人们往往对于自己越是得不到的东西，越想得到。也就是说，当客户的心理需要得不到满足的时候，反而会更加刺激他强烈的需要。针对客户这样的心理，销售员要善于在推销过程中恰当地给客户制造一些限制，比如每人限买一件商品，只有三天的优惠活动等，让客户觉得如果自己再不买的话，就会错过最佳的购买机会，可能以后再没有机会得到。这样反而会促使客户果断地做出决定，使交易迅速达成。

3. 欲扬先抑

初次接触的时候，客户一般都会对销售人员抱有戒备心理，本能地对其不信任，如果此时只是一味强调己方的产品如何如何好，如何如何实用，客户反而会更加警惕，因为害怕受骗而拒绝接受。所以，有时用一些违反常理的招数，即利用逆反心理去招揽客户，往往会有更好的效果。

总之，如果销售人员能够在必要时和你的客户"对着干"，充分调动他们的逆反心理，就往往能够让他们购买你的产品。

笑着说,让你的话拥有神奇魔力

俗话说"非笑莫开店""面带三分笑,生意跑不了"。销售人员在客户面前流露出自然而甜美的微笑,会给人一种亲近、友善、和悦的感觉。既能调节谈话的气氛,密切与客户的关系;又能化解冷漠、疑虑和陌生感,获得客户更多的理解和认同。

1. 推销时,带上热情的微笑

有调查显示,在成功销售的案例中,95%以上都有热情的因素存在。销售人员在工作中要充满热情,这样你的工作就可以顺利地完成,同时也会取得骄人的业绩。相反,如果以低落的情绪应对工作,就会如同失水的蔬菜,毫无生机可言。

其实,每个人都会遇到不顺心的事,心情也不会天天愉快,可是销售工作的服务性质,决定了销售人员不能随意释放自己的情绪。作为销售人员,你必须要学会控制自己的情绪,学会分解和淡化自己遇到的烦恼与不快,在工作中要时时刻刻保持一种轻松的情绪,一种热情的活力。

2. 被刁难,露出宽容的微笑

在服务客户时,销售人员难免会遇到出言不逊、胡搅蛮缠的人,此时千万不可露出怒色,而应用一颗包容的心去对待。

有一次,原一平去拜访一位客户。去之前他就听说这个客户是个性格内向、脾气古怪的人,很难对付。但是原一平没有退缩,勇敢地敲响了客户家的门。

"你好,我是原一平,明治保险公司的业务员。"

"哦,对不起,我不需要投保。我向来讨厌保险。"

原一平并没有生气,而是诚恳地问:"能告诉我为什么吗?"

"讨厌是不需要理由的!"客户突然提高声音,显得有些不耐烦。

原一平并没有选择离开,而是依旧面带笑容地望着他说:"听朋友说你在自己的行业做得很成功,真羡慕你,如果我能在我的行业也能做得像你一样好,那真是一件很棒的事。"

原一平的话让客户的态度略有好转:"我一向是讨厌保险推销员的,可是你的笑容让我不忍拒绝与你交谈。好吧,你就说说你的保险吧。"

于是原一平被请进了家门,原来客户并不是讨厌保险,而是不喜欢推销员。而在接下来的交谈中,客户在不知不觉中已经被原一平的自信、开朗、热情和坚定所感染。最后,客户终于被原一平说服,愉快地在保险单上签上了自己的大名,并和他握手道别,说:"你真是个了不起的人,我好像完全不能抗拒你似的。"

这种不可抗拒的魔力就是原一平的微笑。当然,要想在任何情况下都笑得出来,就需要你拥有宽广的胸怀,这样,工作中就不会患得患失,接待客户也不会斤斤计较,就能永远保持一个好心境,微笑服务也就变成了一件轻而易举的事情了。

当然,微笑还有很多种类、很多功能,但最重要的是能与客户进行感情上的沟通。例如,找到与客户的沟通点,用微笑来表达对客户的赞许、肯定、理解和感谢,也可以让对你心存戒备的客户放下他们的武器。

第十章

不讲技巧的人,做不好销售

有的人喜欢直来直去,而有的人却喜欢曲径通幽。对不同的人要运用不同的技巧。很多时候,技巧用对了,交易就成功了。业绩不好,只因为你不懂这些技巧。

"最后期限"能改变犹豫状态

走在街上,我们经常会见到不少商场的门口打出"最后三天,欲购从速",或者听到销售员大声吆喝:"最后一件了,机会不可错过。"等等类似的宣传,而这也往往会带来哄抢的效果。

为什么会出现这样的情况呢?

这其实都是在利用客户"物以稀为贵"的心理,通过强调产品的稀缺性来促使交易尽快完成。

从心理学的角度看,这种"物以稀为贵"的心理又被称之为"稀缺原理"。心理学研究表明,物品的稀缺性和唯一性会提高其在人们心目中的价值,对人们更有吸引力,会使得人们有更为强烈的拥有欲和占有欲。这也正是稀缺原理的内涵所在。稀缺原理还认为,越是难得到或者得不到的东西,越能激起人们的好奇心和占有欲,让人们越是渴望得到。物品的稀缺会引起的人们内心的渴望,这既是一种非常普遍的生活现象,更是一种相当普遍的心理现象。而在商业与销售方面,人们的这种心理表现尤为明显。客户往往会因为商品数量变少或者促销时效变短,而争先恐后地去购买,害怕以后再也买不到。所以,销售中要善于把握客户的这一心理,适当地对客户进行一些小小的"刺激",从而实现销售目的。

从具体方法上来说,包括:

1. 对商品数量限制

在现实生活中，很多人喜欢收藏古董，而那些古董之所以价值连城，主要原因就是因为它们稀少、罕见，不容易获得。如果类似的古董到处都是，那么它们也就不值钱了。销售人员在销售商品时也可以利用这种人性心理弱点来提升产品的价值和缩短客户的决策时间。

例如，一名百货公司的销售人员在向客户推销的时候，总是能够巧妙地运用短缺原理来促使客户尽快做出决定。即使面对的客户不同，推销的商品各异，他也总能取得不错的业绩。他总是和客户这样说："先生，这种引擎的敞篷车在本地不超过10辆，而且厂里面已经不再生产了，错过了这次机会，以后想买，恐怕也买不到了。"这样的说辞无疑是十分有效的，数量有限的信息确实会对客户的购买决策产生有效的影响。客户在其影响下，为了使自己不因买不到而后悔，总是会果断地做出选择。先将自己喜欢的商品占为己有，这样才能够安心。

因此，当销售人员发现客户对某种商品感兴趣的时候，如果能对其进行巧妙的引导，在说明商品质量可靠、价格实惠的同时，不妨再加上这样一个善意的提醒："这款商品刚刚卖出一套，这恐怕是我们这里最后一套了，如果错过，就需要等到一个星期以后再来了。"则会有效地促进销售。

2. 对销售时间限制

客户之所以会优柔寡断，在很大程度上是"还有"意识在作怪——还有希望，还有时间，还有一次，还有更好的等等，要让客户尽快下决心，就要打消他们的"还有"意识。

从心理学角度来讲，"最后"意识就是"还有"意识的对立面。一旦对方明白自己的期待是毫无意义的，他就会像你所期待的那样,早下决心。例如,超市里的导购员大声吆喝:"价值66.5元的超值套装,今天仅售28.5元,各位朋友,机会难得!"其直接结果就是很多客户听到这样的消息都会争先恐后地跑去抢购。

而且,你设置的这个最后期限越彻底,其短缺的效果也就越明显,而因此引起的人们的拥有欲望也就越强。这在销售人员进行产品推销的过程中是很有成效的。因为这就暗示了客户,除非现在就选择购买,否则以后再买的话,就需要支付更多的钱,甚至根本就买不到。这无疑给客户施加了高压,使其在与自我的斗争中努力地去说服自己购买。

不过,这样的"威胁"是建立在销售人员认真分析客户需求的基础上,通过善意的提醒,增强客户的购买欲望,缩短客户考虑时间的一种策略。因此,在与客户进行沟通时,销售人员必须保证自己的暗示是客观的、实际的,绝不可以用谎言来欺骗客户。

口头给实惠比低价更能打动人

客户在进行消费的时候,感到占了便宜,他们才会愿意掏钱购买该商品。作为销售员,你需要做的就是运用口才技巧满足客户的这种心理需求,有时这比把产品卖低价更能打动他们。

1. 偷偷给甜头,让客户感受到特权

在市场竞争日趋激烈、消费者日趋理性的今天,销售人员再说什么"清仓大处理""挥泪大甩卖""今天跳楼价"之类的话,吸引力已经不再那么强烈了。其实,如此"大动干戈",还不如"暗地里"给客户一点甜头,让客户感觉自己与众不同,这比什么都更让他感到满足。

例如下面这个聪明的销售人员就运用了这一技巧:

一位中年妇女走进一家商店。

销售员:"您好,欢迎光临。"

中年妇女:"你好。"

销售员:"您想买点什么?"

中年妇女:"我想买一个电饭锅。"

销售员:"您看这些电饭锅您喜欢哪一款?"

中年妇女:"我喜欢那款粉色的。"

销售员:"嗯,这款电饭锅是卖得最好的一款。"

中年妇女:"多少钱?"

销售员:"680元。"

中年妇女:"能优惠点吗?"

销售员:"一看您就是行家,您应该也知道我给您的价钱是很合理的吧。"

中年妇女:"我还是觉得有点贵。"

销售员:"看您是诚心要买,这样吧,我再送您一壶花生油,您千万别跟别人说哦,我可就给了您一个人这样的优惠。"

中年妇女一听多给自己一壶花生油,别人却没有过这样的待遇,就很高兴地买下了那款电饭锅。

其实,那款电饭锅本来就是免费赠送一壶花生油的,这个销售人员只是换了一种方式,让客户以为这壶花生油是销售人员暗地里给自己的优惠,只有自己有这个特权,自然兴高采烈地买下了。

不过,要注意的是,销售员在给客户"小甜枣"时一定要注意方式和分寸,既要让客户看到实惠,又要让他们觉得合情合理。这样才能使客户成为你的忠实客户,长久地给你带来利益。

2. 报出原价,差距越大越有效

冬天即将来临,你打算买一套新被子。到了商场,你发现有3种款式可供选择:普通双人被、豪华双人被和超大号豪华被。而你也意外地发现这个星期被子促销,所有款式的被子售价一律为400元。这3种款式的九孔被的原价分别是450元、550元和650元。面临这样的选择,你会买哪种被子呢?

在这项调查中,多数人的选择都是超大号豪华被。人们的普遍心理是:既然价钱一样,何不买原价最贵的呢?这样"赚"得最多。而结果却是,人们发现每天早上醒来,超大的被子都会拖到地上，因此不得不经常换洗被罩。

人们之所以会选了并不适用的被子，其实就是受到了原始价格的干扰。人们不可避免地会去拿现在的价格与原来的价格比较，并从它们的差额中得到满足，然后选择那条比原价便宜的最多的被子，为自己得到一个合算的交易而沾沾自喜。

从这一点来看，虽说原价对现价来说毫无意义，但对客户却是意义重大，因此，销售员在报价时，最好要报出原价，利用价格差来吸引客户，让客户以为有便宜可赚，从而促成交易。例如，"季节性削价，原价688元，现价488元。""这条裙子156元一条，如果真的想要，给95元就可以。"销售人员如果采用这种报价方式，就很容易让客户掉入消费的"陷阱"之中了。

表面退让，是为了迂回前进

人们尊重和仰视强者，因为可以从中学到知识和经验，可以让我们少犯错误。但人们也更多地同情和愿意保护弱者，因为这是人类的天性。例如，我们在上学的时候都有这样的感受，如果你的老师在学生时代很优秀，从来都是第一名，给我们很强势的感觉，那么在我们心中就会产生一种距离感。但是如果你知道你的老师在学生时代也曾迟到，甚至有过不及格，那种距离感马上就会消失，觉得老师亲切了不少。

对于销售人员来说，这也是一个很好的启示。即在销售过程中，一味地逞强，处处表现的锋芒毕露未必是好事，若处理不当反而合适得其反，引起客户的厌恶。反而是适度的、有策略的示弱退让，更能取得客户的理解与支持，也就更能获得生存和发展的空间。

退，表面上看，是做了让步，不再坚持原来的要求，实际上却产生了"进"的效果。因为在销售人员做出适当让步的情况下，客户往往会这样想：人家都做出了这么大的让步和牺牲，可见人家是非常有诚意做这项交易的，我也不能辜负这份诚意。就是在这样的自我心理暗示下，客户也相应做出了让步和牺牲，最终在双方的让步下，达成交易。

具体来说，可以在以下两方面做退让：

1.产品

当你想推销一种比较难以销售的商品之前,可以先推出一个或几个更难以推销的商品,待客户拒绝且有一定歉意后,才亮出自己真正要卖的商品。由于前面拒绝了太多,因此,客户往往会答应你"退一步"的要求。

2.价格

当销售进入报价阶段,也是销售员实施退让策略的最佳时期。那些咬死价格毫不退让的,无异于把客户拒之门外。因为很多时候,客户真正在乎的不是产品的价格高低,而是他们想通过和你的讨价还价获得一种成就感。例如,如果某件产品卖价280元,最后经过讨价还价,客户以180元的价格买下了这件产品,他会非常高兴。不论这件产品的价值是不是180元,但是经过自己的努力,他以这个价格得到了,他就会非常开心。相反,如果销售员给出了180元的价格,却拒绝议价,他很可能就不会购买这件产品,即使这件产品真的是在降价出售,他也多半不愿意购买。因为他会认为销售员没有人情味,即使原本打算购买的念头也打消了。

让我们看下面这个例子:

一天,一位顾客看上了服装店里一套服装,标价为800元。

顾客说:"你便宜点吧,500元我就买。"

老板回道:"你太狠了吧,再加80元,也图个吉利。"

"不行,就500元。"

随后,老板又与顾客经过一番讨价还价,最终谈妥以520元的价格成交。

但是,当顾客掏出钱包准备付款时,却发现自己身上所有零钱整钱凑齐也只有490元了。老板为难地说:"那太少了,哪怕给我凑个整500呢？"顾客说："不是我不想买，的确是钱不够啊……"最后，老板似乎狠下心说："好吧，就490元吧，算是给我今天买卖开张了，说实话，真的一分钱没挣你的。"最终顾客490元拿着这件衣服，开开心心地走了。

　　老板真的一分钱没赚吗？当然不可能。这只是他故意使用的诡计，他虚报高价，就是为了给自己留出退让的空间。
　　当然，在谈判中，只要能够对对方构成限制的，都可以是让步条件，而不仅仅是价格。谈判时间可以是让步的砝码，谈判地点、优惠条件、赠品……也可以是让步砝码。一个最伟大的销售员，他会将手头的各种资源都利用起来，成为实现利益最大化的砝码。

激将法，会让消费冲动战胜理智

激将法，本指用刺激性的话使将领出战的一种方法，后泛指用刺激性的话或反话鼓动人去做某事的一种手段，就是通过触发有些人的好胜心，促使对方在犹豫不决时做出决断。

这种方法同样适用于我们的客户。具体来说：

1. 利用客户自尊心的激将法

在成交阶段，当客户的自尊心受到打击，或者由于遭遇挫折、犯了错误或其他种种原因而产生自卑感，运用其他成交方法不能使其振作起来时，销售人员可以考虑用激将法刺激客户，从而将其自尊心、自信心被激发起来。

例如，一位女士在挑选一套化妆品时，对某种牌子的化妆品较为中意，但又犹豫不决，这时，销售人员对她说："您看好这套了吧，现在不买也没有关系，我可以帮您留着。等您回去征求一下您先生的意见再做决定吧。"这位女士立刻回答："我自己可以做主，这事不用和他商量。"然后立即做出了购买决定。

不过，需要注意的是，针对客户自尊心的激将之法，如果时机、语言、方式中有一点不对，或者显得过分，往往会导致对方的不满和愤怒，因此在使用时一定要慎之又慎。

2. 利用客户虚荣心的激将法

虚荣心是任何人都会有的一种普遍心理，任何人都会有，只是虚荣心的程度不一样而已。利用客户的虚荣心，恰当地使用激将法也往往容易取得成功。

阿里巴巴每年都会邀请一些政界名流、文体明星、业界大腕来参加"西湖论剑"活动。2010年9月，马云把邀请的对象瞄准了一位重量级人物——好莱坞电影巨星、美国加利福尼亚州州长阿诺德·施瓦辛格。这天，两人见面，一阵寒暄后，马云说："我的'西湖论剑'活动马上就要开始了，去年我请来了克林顿和科比，今年我想到了您。您曾是世界健美冠军、好莱坞电影明星，后来又成为拥有亿万资产的成功商人，现在是美国的一位州长。可以说，您是一位成功的'多面体'，一个人就代表了政治、文艺、体育、环保、商界等多个方面，因此说，我邀请您这样一个多才多艺的嘉宾就可以代替多个嘉宾，这就是我请您来'论剑'的理由。"听了这番话，施瓦辛格非常高兴地接受了邀请。

马云正是抓住了"人人皆有虚荣心"的这种心理，适时地恭维了几句，满足了施瓦辛格的虚荣心，从而达到了目的。

但这里还有一个需要特别注意的问题，就是当我们在销售的过程中，采用激将法促成订单时，一定要注意自己的态度和表情，应该自然地流露出来，绝对不能为了达到效果而夸大其词，否则便很容易让客户看出来我们是在"激"他，进而产生逆反的心理，最终导致交易失败。

3. 利用客户好胜心的激将法

每个人都或多或少有点攀比心理，特别是在购买过程中，都不希望自己表现得比同等地位的人或低于自己地位的人差。对于那些知道产品优势和利益，但以各种借口拖延的客户，销售员可以用对方熟知的人购买的事例来引起对方的兴趣，从而激起客户的购买决心。

  日本著名寿险推销员原一平，在一次推销中采用了这种办法。他把目标锁定在了一个性格比较孤傲的客户身上。尽管他已经拜访这位客户三次了，但是客户却一直对他不理不睬。这一次，原一平实在是沉不住气了，于是便对客户说："您真是个大傻瓜！"客户一听急了："你说什么，你敢骂我？"原一平立刻笑着对客户说："您别生气，我只不过是和您开个玩笑而已，千万别当真。只是，我觉得有些奇怪，您比利华公司的老板更有钱，可事实表明他的身价却比您高得多。因为他购买了100万元的人寿保险。"不料，这位客户被原一平的话给激醒了，很快就做了个决定——购买200万元的人寿保险。

  在推销过程中，这种方法很实用，你可以对客户说："您的亲戚（或朋友）都购买了这种产品，以你的能力，肯定没问题。"

  这里还需要再一次重申：要注意"激"的力度，千万不要过激！因为我们的真正目的是要说服。孟子说："以力服人者，非心服也，力不赡也。以德服人者，中心悦而诚服也，如七十子之服孔子也。"所以激将也要用理使其激，然后再使其心服，这是推销术中永远的法则。

把好口才用在关键人物身上

俗话说,"挽弓当挽强,用箭当用长,射人先射马,擒贼先擒王。"战争中只要能制服敌方指挥人员,使其陷入群龙无首的境地,便可不击自溃,这是克敌制胜的绝招。同样的道理,在销售中,想要得到事半功倍的效果,必须学会抓主要矛盾,重点瞄准关键人物。针对他们下功夫,突破了这道关卡,问题往往也就势如破竹,迎刃而解了。

X小姐和Y小姐都是某儿童品牌服装的导购。一次,店里来了一位三十多岁领着自己儿子来看衣服的妈妈。X小姐热情的招待,问其想挑选什么样的款式并按妈妈的要求为其推荐了一款又一款,可是顾客都不满意,还表现出一副不耐烦的样子,弄得X小姐都不知道该怎么办了。她断定这位顾客也就是转转,不会买什么东西的,所以就跟Y小姐抱怨:真没见过这样的人,不买就不买,还摆什么臭脸。Y小姐却笑了笑说,看我的。

只见Y小姐先是走到妈妈身边,示意其随便看看。然后将目光投向了这位顾客的儿子。Y小姐心想:这个小孩大概七八岁的样子,和我哥哥的孩子差不多大,应该会和他一样喜欢奥特曼和怪兽之类的东西。于是便拿出一件印有奥特曼图样的T恤,问那个小男孩是否喜欢,并说这个穿上去很酷,很多小朋友都买这件。小男孩对奥特曼本来就很感兴趣,而且还听说其他小孩都有,所以也想要买。

Y小姐通过表情知道小男孩已动心，所以目标就转向他母亲说："这件衣服卖得挺好的，而且质量板型都特别洋气，您觉得怎么样呢？"小孩在妈妈身边也说："妈妈我要买奥特曼！"在这种情况下，虽然这衣服并不是妈妈一开始描述的款式，但儿子很喜欢，所以就动心了。

Y小姐趁势抓住妈妈的心理，连忙说："要不让小孩先试一下，试完了不喜欢也没关系。"不等妈妈表态，小孩就自己拿过了衣服。试完之后，小孩更舍不得放手了，妈妈疼爱儿子，而且自己也感觉小孩穿上挺好看的，于是便买了下来，并且除了这件之外还买了同系列的一条短裤。

X小姐敬佩地对Y小姐竖了竖大拇指。

总是能听到有人抱怨："我的付出并不比别人少，可是为什么他们可以那么成功我却还是这样？"那是因为你没有把功夫用在刀刃上，这样做事情只会事倍功半。Y小姐之所以能轻松解决X小姐的难题就是因为她懂得在关键人物身上下功夫。

具体来说：

1. 把重点放在当家的身上

不管是与公司做交易还是与个人谈生意都要把注意力集中在当家的身上。何为当家的？当家的就是在这件事上说话起关键作用的人，对于企业而言就是指领导。俗话说："上面动动嘴，下面跑断腿"。这些"关键人物"的决定对解决问题起着十分重要的作用。所以要把关键人物当成主攻方向，"不择手段"争取与之建立良好关系，当关系建立后，再适时展开攻势，将其拿下。

2. 通过有影响力的人间接作用于决策者

关键人物是要具体问题具体分析的，并不一定都是面上的当家者。就拿上面的例子来说，当家的必定是妈妈，然而关键人物却是儿子。再譬如，厂长和副厂长一起去谈生意，关键人物就是厂长，但是厂长和厂长老婆去买衣服，关键人物就是厂长老婆。所以，想要在解决问题过程中稳操胜券，就必须分析清楚各种场合的关键人物。除了着眼于决策者之外，还应该争取足以影响决策者决定的"关键人物"的支持和帮助。通过当事人的亲友故旧来说服当事人，成功的可能性大得多。

3. 不能忽视具体的办事人员

具体的办事员虽然不是最终的决策者，但是确是最直接的反映者。领导不可能事事都自己去做，那如何做判断呢？主要是通过办事员的反应。所以一定要切记，万万不可因人无权无职，就随便应付，否则你的好事就可能坏在他的手中。这时的办事员对于我们来说就是必须重视的"关键人物"。正所谓"县官不如现管"，说的就是这个道理。

总之，商业活动中总会有那么一个或几个重要人物对事情的发展起着决定性的作用，这些人就是解决问题所必需的关键人物。只要能准确地找到这些关键人物并把他们拿下，剩下的问题就都好办了。

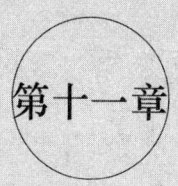

第十一章

这样做产品介绍，句句"戳心"

产品是激发客户购买欲望最重要的元素，因此，介绍产品的口才技巧，是每个销售员都要掌握的基本销售技能。精彩的产品介绍，会极大地有助于交易的成功。

如实相告,双面宣传更值得信赖

在现代许多商业宣传中,大多数的销售员几乎都是采用一边倒的"单面宣传"方式。即只是一味地宣传产品如何之好,而对产品的不足之处绝口不提。

例如,当你看中了某件商品时,销售人员立即走过来,天花乱坠地为你介绍这款商品的优点,却对它的缺点只字不提。当你问他:"你的这件商品真的有这么完美无缺么,它有什么缺点呢?"这个问题经常让销售人员措手不及,他们只准备了如何推介产品优势的说辞,从来没有考虑过产品还存在着哪些缺陷。

事实上,任何人都明白,不论多么优秀的商品,总会有一些缺陷。过分的"自卖自夸",只会让客户产生抵触和厌恶情绪,自然对他所宣传的产品持怀疑态度。如果销售人员可以采用"双面宣传"形式,即在说明某种商品或事物的优点的同时,也对它的缺点如实相告,往往能够让客户觉得销售人员值得信赖,也由此信赖他推荐的产品。

不过,"自曝其短"这一招,也是要讲究一定的口才技巧的:

1. 曝的缺点:要显而易见

销售人员与其绞尽脑汁地回避产品的缺点,把黑的说成白的,把丑的说成美的,引起客户的种种猜忌,还不如诚实一点,主动地以适当的方式把产品的某些缺点告诉客户。尤其是那些显而易见的缺点,即使你不说出来,客户也能知道的,坦然地讲出来,反而能够赢得对方的信任。

有一位优秀的推销员准备向客户推销一块土地。这块土地由于靠近车站，交通十分便利，但因为附近工厂众多，每天的噪声不绝于耳。

他并没有向客户介绍这块土地是如何的好，而是很坦率地告诉客户说："这块地的四周有几家工厂，若拿来盖住宅，居民可能会嫌吵，因此价格比一般的地段便宜。"但无论他把这块地说得如何不好，他还是会带客户到现场参观。

当客户来到现场，发现那个地方并非如他所说的那样不理想，不禁说道："我原以为噪声有多大，我一直住在发动机不断轰鸣的地方，这点噪声对我而言根本算不上什么。您把缺点讲清楚了，我反而更加放心。"结果，这笔交易很快便做成了。

其实，人的心理感受就是这样微妙，想要的愈多，失望也愈大。如果事先有最坏的打算，得到的意外惊喜度也就加倍高。当销售人员把自己产品中那些无足轻重、显而易见的短处当着客户的面"和盘托出"时，客户反而会自动将注意力集中在产品的优点上。如果再加上你有意识地引导，通常客户接受产品的概率会更大。

2.曝的方法：用价格优势

当产品的质量得到保证后，产品的价格往往是客户最关注的问题。当客户因为你产品的缺点而拿不定主意时，你可以将自己的产品与一些价格较高的同类产品相比较，要让客户明白产品的价格差异是你最大的优势。

一天，某房地产公司的销售员带领一位客户去参观房屋。销售员："您看，这就是您相中的那套房。"客户："嗯，挺漂亮的。"销售员："在我给您介绍之前，我想先告诉您这套房子的一个缺点。"客户："啊？什么缺点？"销售员："我们这套房的附近有一个火车道，火车一天会经过三次，每次90秒，也就是差不多24小时中您有4分多钟会受到火车噪声的影响。"客户："嗯，是不太好。"

销售员："所以，我们公司也给这套房推出了一个很大的优惠，您看到那个42寸的液晶电视了吗？"客户："嗯，看到了。"销售员："那是免费送给您的。其实，现在生活中哪儿没有噪声呢？只是有的噪声我们听多了，习惯了而已。"客户；"是啊！"销售员："您想想，您只要每天忍受4分钟的噪声，那台42寸的液晶电视就是您的了。这买卖看起来不错哦！"客户："嗯，有道理，小伙子，你很会做生意嘛，我就买这套房了。"

销售人员将房屋缺点——每天4分钟的噪声，暴露给客户之后，又用"免费赠送42寸的液晶电视"来突出了优势。强化对比，强化利益，比直接表达效果更好。

另外，还有一点需要特别提醒，那就是你所暴露的产品缺点，一定不能是客户特别关注的。这要求我们必须先通过巧妙的询问、认真的倾听，得知客户的真实需求后，仔细地对比一下产品的优缺点与客户需求的关系再谈产品缺陷。只有你的产品的优点正好是客户的需求，才可以先放心地将产品的缺点告知客户以博取他的信任。然后，再以他需要的优点加以弥补，这样往往会得到"皆大欢喜"的结局。否则，只会换来客户的拒绝。

用数字说话,大大提高成交率

数字,除了用于运算,其实它还是一种特殊的语言。尤其是在销售行业中,有些时候,你所追求的能言善谈,还抵不上几个"数字"的力量。

一个食品销售员,他口才出色,很会为人处世,能把新客户老客户都搞得妥妥当当。但最近,他的不少竞争对手的产品质量有所上升,市场状况也不是很好,他觉得如果还是单靠交情稳固生意,怕是有些难了,必须得换一种方法了。

这一次,他做了详细的准备之后,向一位老客户推销公司一批新产品。过程如下:

销售员:"老朋友,我又来啦!给你带来一个好消息。现在我手头有一笔大生意,一笔能让你净赚2万英镑的生意!怎么样?感兴趣吗?"

老客户:"2万英镑?这还用问吗?你尽管说!"

销售员:"哈哈,我做了一番精准的市场调查。年底前,腌肉、罐头的价格最起码会上调20%,这还是最少的,按照你们的实力,你知道今年此类商品能出售多少吗?我来告诉你……"(他一边说一边利索地把相关数据一一写下来,呈给客户看)。

结果呢?销售员自然得到了老客户的继续支持,拿到了一张新一年的大额订单。

销售员之所以再一次搞定了老客户,就是因为他在介绍产品时,结合了大量符合实际利益的数字来加以说明,这让他的话更具有权威性、专业性和强大说服力。

不过,和很多沟通技巧一样,使用精确的数据虽然具有十分积极的意义,可以增加说服力,但是数据如果使用不当,同样会造成极为不利的后果。为此,在运用数据说明问题的时候,我们需要注意以下一些事项:

1. 要准确

比如谈判中,如果对方说出了"500万元"这样一个概数,而你回答出了"389.5万元"这样准确的数字,因为你使用了更准确的数字,就暗示出你对事实有更清楚的了解,这样你的谈判气势就增强了。如果对方问你"你是怎么得到这么精确的数字的?"这时你再清清楚楚地把详细情况告诉对方。这样,事情就会朝着对你有利的方向发展。

所以,在沟通中尽量使用准确的数字更容易取胜。你应该把"10%""半数""几乎全部"这些说法,换成类似"18.3%""263人赞成"等准确的说法。

2. 要精简

使用精确的数据虽然可以加深人们的印象、增强论据的可信度,可是如果在沟通过程中一味地罗列数据,不仅达不到预期的效果,而且还会令人感到眼花缭乱。

因此,要想让你的数据说明具有更强劲的说服力,首先要挑选合适的时机,比如当人们提出质疑时,你可以用精确的数据来证明自己的可信度。

3. 要真实

运用数据说明问题的目的就是要引起重视并增强对方对自己

的信赖，如果使用的数据本身不够真实和准确，那就会失去其原本意义。况且，一旦人们发现这些数据是虚假或错误的，他们就有充分的理由认为你在欺骗和愚弄他们。这种印象一经产生，很快就会给你带来极为恶劣的影响。

4．要巧妙

不同的数字形式有不同的表达效果，多玩些数字游戏说不定会有出奇制胜的效果。例如，两家超市做促销，对手能返5%，你预算有限只能返2%，这时候如果你的注意力只盯在2%和5%上，那肯定输了，这个时候你不妨换个思路想一想，你的2%等于1/50，平均算起来所有客人都会多获得消费金额1/50的奖励，那如果50顾客为一组，每一组把所有的奖励都给其中的一位，那总共费用是一样的，也就是说50位顾客的平均客单价是1000元，那平均每位顾客奖励20元，50位顾客就是总共奖励1000元，那如果把这个奖励给其中的一位顾客，那吸引力就很大了。所以说购物返2%，听起来太小气，那我们就搞"每50人一人免单，最高免单1000元！"那效果可就不是一般的好了。

5．要配合

除了以上运用数据说明时要把握的原则和技巧外，你还可以结合其他手段来配合精确数据的使用。包括：可以利用权威机构的证明。例如，你可以利用这种方式来打消客户的疑虑："本产品经过××协会的严格认证，在经过了连续9个月的调查之后，××协会认为我们公司的产品完全符合国家标准……"。

有了数据和事实的双重支撑，不用作过多的解释，再顽固的人也只能接受你的观点。但要注意，所引用的别人的话、调查研究数据、真实发生的案例，也最好是众所周知的，只有被人们普遍承认的事物才能被人认同。

找个托为你说话，比自己说更有效

人们对事情的看法，首先是相信自己的判断，而最不轻易相信的是销售员。他们总是倾向于认为销售员是"王婆卖瓜，自卖自夸"。这时，最好能找个第三方立场的人或例证，让第三方去告诉你的客户关于产品的优点和诸多便利，这绝对比你滔滔不绝、慷慨激昂的陈词，说服力强得多。

一般来说，这个"第三方"包括：

1. 客户朋友

中国有一句古老的销售谚语："在相同的情况下，人们愿意同他们的朋友做生意。在不同的情况下，人们仍然愿意同他们的朋友做生意。"也就是说，人们往往愿意和熟悉的朋友做生意，即使与陌生人做生意，也要一步步地试探，原因就在于信任度和情感还不够。因此，很多时候，客户的朋友，可以"拿来"作为销售第三方为我所用。

某公司销售员，由于工作勤奋并且善于利用各种销售工具，因此深得他现在所服务的经销商X总的赏识。一次，这个销售员要开发周边新的市场的时候，请X总帮助自己介绍客户，X总非常爽快地帮助销售员介绍了临县和自己是同行的经销商Y总。然后销售员去拜访了Y总，他拜访Y总的过程如下：

销售员如约敲开了客户Y总的办公室，他面带微笑，先向Y总做了自我介绍，然后非常诚恳地说："非常感谢Y总在百忙中抽出时间与我会面。"

Y总："不用客气，我也很高兴见到你。"

销售员："Y总，我听汇源商贸X总说，跟你做生意最痛快不过了。他夸赞您是一位热心爽快的人。"

Y总："你和X总很熟吗？"

销售员："是的，我们和X总合作一年了，这一年来，我们合作非常愉快。在我们接触的过程中，X总常常在不经意间流露出对您的赞赏……"

张总："X总在这个行业经营多年，他才是我学习的榜样。谈谈你和X总是怎么合作的？"

就这样，销售员打开了Y总的心理防线，并令Y总产生好感，让他能够聆听自己讲解，为接下来赢得客户信任打下良好的基础。

客户购买一个产品或服务的时候，其他购买过的人对产品的评论会对他的购买决策影响非常的大，尤其这个人还是他的朋友的话。案例中X总对销售员的销售就起到了至关重要的作用。优秀的销售员都应该懂得这一点，并在销售实战中恰当地加以运用。

2. 权威人物

一个人要是地位高，有威信，受人敬重，那他所说的话及所做的事就容易引起别人重视，并让他们相信其正确性，即"人微言轻、人贵言重"。因此，权威人物也可以作为第三方，为我们的销售工作服务。

比如一位销售专家，他总是随身携带着一本有许多页的客户名单，名字都是客户自己手写的。每当面对新的客户，他都将名单放在桌子上。

"你知道我们非常以我们的客户为荣,"他说,"你认识最高法院的威廉法官,对吧?我估计你也认识理查德,全国制造公司的总裁。他们都使用过我们的产品。你看,这是他们的名字。"他会饶有兴致地和新客户谈论这些名字,然后说:"有这样一些人都接受了这个价位,如……"他接下来念着一些更知名的人的名字,"具有这种才干的人是什么样的人,就具有什么样的判断力。我想把你的名字写在下面,和威廉法官与普雷市长的名字放在一起。"一般来说,无须再进行其他的争论,他就与多数客户成交了。

其实,这位营销专家的成功就是靠用权威人物的有力证明启动了客户心中的安全感。这比干巴巴地介绍产品或服务的优点更能打动客户。

除此之外,其他客户使用后寄来的感谢信,不同品牌之间的比较材料,如优质奖状、名牌产品等,也都是说服客户的有力证据。

总之,在碰到难以接近或者难以下定决心的客户时,销售人员不妨找到让自己和客户都信任的第三方,并让第三方适当地为我们说好话,进而提高销售的成功率。

"FABE"式介绍,更容易被认可

销售人员为客户做产品介绍,基本要求就是能够提供有关产品的全套知识与信息,让他们完全了解产品的特征与效用。

因为每个客户潜意识中最需要的还是安全感。你只有用专业的产品介绍征服客户,让客户在潜意识中形成这样的概念——"这个销售员很专业、很负责,向跟他购买商品可以得到超值的服务。"那么,你才有可能从客户手中拿到订单。

怎样才能让客户形成这种潜意识呢?

让我们先来看一段产品介绍:

"诸位请看,这是一款新式调料瓶,瓶口有舌状的倒出口,出口上刻有5厘米的沟槽。这个沟槽的用处是防止瓶内的液体外漏,但不会妨碍往里面倒入液体,油、醋、酱油等都可以由此口无障碍地倒入。

这款调料瓶优点之一是在倒完瓶内所装液体后,不会在瓶口存留所倒的液体,因此看起来十分干净卫生。根据我们的市场调查,这一特点是市场上同类商品不具备的,因此特别难能可贵,有着非常好的销售前景。

您再看,这款调料瓶是圆锥形的,盖子也是圆的,上下一体,给人一种圆润、光洁的感觉。颜色方面,也有蓝、黄、绿三种颜色可供选择,可以说外观时髦别致,既可以放在厨房,也可以放在餐桌和食品柜中。因此，不管是从外形还是实用性上看，这款新式调料瓶都堪称完美……"

这个产品介绍，听起来就比较专业。从产品的性能、外观、使用、特色，以及给客户带来的利益都介绍得十分清楚，客户也会听得明明白白。

这种形式在销售界其实有一个专业名词，叫"FABE销售法"。F代表产品的特征；A代表产品的优点；B代表客户的利益；E代表证据。即在给客户介绍产品时，要把产品的机能、材料、外形、使用性、便利性、价格以及可以给客户带来哪些便利和利益等，都要说清楚、明白，这才算是良好的产品介绍。

专家式的介绍，更能获得客户的信赖与支持，这已毋庸置疑。但同时我们也要注意避免走入一个误区——满嘴专业术语。

有些销售人员，为了让客户觉得自己是这一行的专家、对自己所售产品十分了解，就在向客户介绍产品时，一味地用专业术语来包装自己，想以此来赢得客户的好感和信赖。但是这样卖弄专业术语的行为，往往会给自己的销售带来不良后果。客户会因为这些听不懂的术语与你产生沟通障碍，也会因为这些艰深的术语对产品失去兴趣。比如，保险行业推销员如果总是搬出一堆专业术语如"费率""债权""债权受益人"等，即使客户有购买兴趣的，也会因听得一头雾水而婉转地谢绝。

一个大学生，毕业后就进入了一家采用纳米技术制作产品的公司做销售。他每天都辛辛苦苦地看产品原理介绍，就怕客户到时候左一个"正电子"右一个"负电子"地问他。

有一次，他带着样品上门去推销，尽管他说得唇干舌燥，愣是没一个人相信他。客户说他根本就不相信纳米技术的效果，认为它和一些保健品一样，没有什么实际效果，最多是给人心理安慰。

这该怎么办？如果他再正电子负电子这么讲下去，估计客户仍听不懂，即使听懂了也没人会相信。于是他灵机一动，从口袋里掏出一盒烟。本来客户都没什么兴趣了，见他掏出烟，马上有人说："对不起，我们办公室不能吸烟。"

其实，他要的就是客户重新注意他。他没有说话，把烟盒里剩下的几支烟倒出来，拆开烟盒，递给客户，让他闻一下。客户不理解，问他什么意思，烟味这么呛人，闻它干什么。听到客户这么一说，销售员立刻打开空气净化器，把烟盒附在上面几分钟，关了净化器后，让他再闻烟盒。客户一闻，烟盒纸上果然没有一点烟味了。就在客户将信将疑的时候，他又说："我这不是玩魔术表演，国家最权威机构的检测证书在这里。"客户终于心服口服了。

可见，仅仅机械地做"产品专家"还不够。你要知道，无论你如何精明，如何巧舌如簧，如何能够吸引客户的眼球，你所做的一切最终还是为了说服客户购买你的产品。而很多时候客户并不关心产品的什么原理，他们关心的是买了你的东西后有什么好处。这个东西对他们有用，这才是硬道理。如果你没有办法将产品特点与每位客户的需求联系起来的话，那还是会导致失败的。

所以，销售人员在努力使自己成为"产品专家"，能以专业的口吻为客户释疑解惑的同时，也要学会站在客户的立场上介绍产品和服务，只有这样才能真正获得客户的信赖，进而实现良好的业绩。

你说好,不如让客户自己说好

对于这些单纯靠理论说服不了的客户,最好借助"先体验,后购买"的情感诉求,即要让客户能够听到、看到、摸到,或者感受到你的商品,这样才会加深他们的感觉,使他们消除疑虑,产生信任。

客户亲身感受产品的功效,他们才会更加懂得商品的真正价值,更深刻地体会到自己拥有这一商品的实实在在的好处,从而极大地促进其做出购买的决定。而作为销售员,你的任务就是:在这个过程中,掌握让客户体验的最佳时机,在最佳时间让他们参与进来,并且恰到好处地让客户感觉到产品的优势,从而有效地推动交易进程。

从体验的形式上来说,由于体验的复杂化和多样化,我们不妨将伯恩德·H. 施密特在《体验式营销》一书中划分的五种体验类型作为切入点:

1. 知觉体验

知觉体验即感官体验,将视觉、听觉、触觉、味觉与嗅觉等知觉器官应用在体验营销上。

例如,如果你卖的是床垫,就请客户躺在上面试试;如果卖的是相机,就让客户拿着相机对焦,空拍几张;如果卖的是服装,就鼓励客户试穿一下;如果卖的是快餐食品,就准备一些让客户品尝,等等。

销售人员就是要让客户先睹为快、先闻为快、先摸为快，满足其操弄和探求的心理，一旦客户之心大快，成交也就不远了。

2. 思维体验

思维体验即以创意的方式引起客户的好奇、兴趣、对问题进行集中或分散的思考，为客户创造认知和解决问题的体验。

比如，推销"新马泰十日游"，销售人员当然没有办法将那些旅游景点一一搬过来让客户感受和触摸，但却可以调动他们的想象力，通过自己具体的、生动的、绘声绘色的描述，让美好的东西在客户的脑海中具体化，产生身临其境的效果，这样也能使客户参与进来。

3. 行为体验

行为体验指通过增加客户的身体体验，指出他们做事的替代方法、替代的生活形态与互动，丰富客户的生活，从而使客户被激发或自发地改变生活形态。

比如，美国有一个销售安全玻璃的业务员，皮箱里面总是放了许多截成15cm见方的安全玻璃，他随身也带着一个铁锤子。每当他去拜访客户的时候，总会问他们："你相不相信安全玻璃？"当客户说不相信的时候，他就把玻璃放在他们面前，拿锤子往桌上一敲。每当这时，许多客户都会吓一跳，同时他们会发现玻璃真的没有碎裂开来。然后客户会说："天啊，真不敢相信。"这时他问他们："您想买多少？"他们马上就与他成交了。经常是整个过程花费时间还不到1分钟。

4. 情感体验

情感体验即体现客户内在的感情与情绪，使客户在消费中感受到各种情感,如亲情、友情等。

例如麦当劳的广告就是一个成功的例子:麦当劳请富有才华的广告经纪人雷哈德负责制作广告。雷哈德本想从汉堡包品质入手,但调查结果显示,麦当劳的汉堡包与其他几家制作的汉堡包在品质、口味上并无显著差别。于是,雷哈德决定不以麦当劳汉堡包好味道作为广告的主题,而以麦当劳可以带给顾客一段家庭欢聚的快乐时间为切入点。

5．相关体验

相关体验即通过实践自我改进的个人渴望,使别人对自己产生好感。它使客户和一个较广泛的社会系统产生关联,从而建立对某种品牌的偏好。

例如,法国兰金化妆品公司的一个销售策略就是让客户参与。一旦确定了客户的需求之后,销售员便会提供该产品的试用样品——无论是清洁乳液、口红还是香水——并开始为客户试用。一旦客户试用了兰金产品,销售员就能创造出一副客户所期望的美的形象。化妆品的香味、质地、颜色共同创造出一场多感传递的高效销售说明。

不过,尽管体验式销售可以拉近销售人员与客户之间的距离,成为销售人员推销的新式武器。但体验式销售并不是适合于所有行业和所有产品,产品只有具备不可查知性,其品质必须通过使用才能断定的特性,才可以运用这种方式。因此,销售人员只有在推销这类产品的时候才能实行体验式销售。

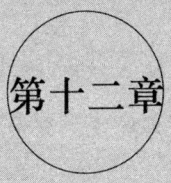

第十二章

打消疑虑，让客户放心交易

成交，是一个排除客户异议的过程。大多数的成交，都是建立在有效排除客户疑虑基础上的，所以，销售员要懂得如何有效打消客户的疑虑，给客户吃定心丸。

不识货不可怕，货比货分高下

在推销的任何阶段，客户都有可能对你的产品的任何方面提出异议。其实，客户的很多异议，都是因为他们没有对同类产品的价格或者是对同等价格的产品有比较系统、全面的了解，只要我们善于运用对比，自然会消除客户的疑虑。

我们常说："不怕不识货，就怕货比货。"对比的方法能突出产品的特点和优势，对于说服客户有很大的作用。

我们可以通过对比产品的性能、价格、服务等方面，来强调优势和特点，让客户找到最满意、最适合的产品，从而加强客户的购买欲。

当然，这一方法在使用的过程中，也是有一些基本的原则需要大家多多留意的。

1. 对比的对象要合适

所谓对比，就是将两个事物放在一起作纵向、横向的比较。但是其中有个很关键的问题，就是你想要比较的对象，一定要是客户非常关注的。举个例子来说，假设你向客户介绍一款售价为988元的手机，而客户在你的品牌和摩托罗拉品牌之间徘徊不定，但你所销售的产品相对于摩托罗拉而言，在功能和性价比方面都会有一个很大的优势，于是你不停地告诉客户这两点。然而现在的最大问题是，虽然你讲的功能多和性价比好是事实，也确实得到了客户的认可，但是现在客户最在意的却是品牌。

而在品牌方面客户认为摩托罗拉更加出色，你比来比去结果却是比错了对象。

也就是说，在进行对比的时候，你首先要做的就是确认比较对象在客户心目中的重要性，将自己销售产品的特性定义在客户最关注的点上，然后才可以进行对比。

2. 对比的策略有讲究

《田忌赛马》的故事大家都不陌生：田忌用自己的下等马与齐王的上等马比，用自己的上等马与齐王的中等马比，用自己的中等马与齐王的下等马比。田忌的下等马当然会输，但是在上等马和中等马的比赛中，田忌却都赢了。

这对于销售人员来说，也是一个极大的启发。我们都知道天底下没有一款产品可以给客户提供最完善的功能、最佳的质量、最好的售后服务以及最低的价格，一款产品总有我们占优势的地方，同时也总有我们占劣势的地方。那么，在进行对比的时候，除了要将我们的优势定义为客户最为关切的点外，还需要讲究策略，利用田忌赛马的原理，找出自己产品的相对优势，从而取得最终胜利。

3. 对比的作用分大小

对比作用的大小与参照物的选择有很大的关系。这就好比身高170cm的你，本来拥有的是一个正常的身高，但是如果你站在一位身高180cm的人旁边，你的身材就显得会比较矮小了，而如果你站在姚明的身边，则不仅仅是显得矮一点，而是矮得太多了。

那么，在使用对比的时候，我们就可以有效地借用这一点。你希望得到多大程度的反差，就应该选择适当的参照物；想要反差大且让客户印象深刻，就选择有强烈对比感的参照物。

另外，销售人员在运用对比法来推销产品时，还要特别注意一点,那就是言辞表达要温和。尽管你在言辞与行为上强烈地不认同对方的价格或说法,但在表达方式上却必须要让客户感觉到,你所不赞成的只是他提出的问题,而不是在否定他的人。如果在表达方式上有所不当,甚至伤了对方自尊心的话,不但做不成买卖,还无形中得罪了人,这是运用此法的大忌。

挖掘客户异议背后的真实意图

许多销售员觉得"客户提出异议,我只要采用适当的方法解决就好了。"殊不知,异议也分真假,很多时候,客户提出的异议并不一定是他真实的想法。如果你盲目地为了解决客户表面上的异议而费尽心思,则很有可能离成交越来越远。了解客户背后的真正意图才是决定下一步销售计划的关键,它将直接决定销售人员该采取哪种应对措施。

因此,作为销售人员,你一定要细心揣摩,挖掘出异议背后的真实意图。

1. 对客户就价格提出的异议

一般来讲,价格对于销售来说起着关键性的作用。碰到就价格提出异议的客户,首先要摸清他的真实想法:是真的没钱?还是目前钱不够?还是对产品质量有顾虑?

有关资料统计过,国外只有5%的客户在选择产品时候仅仅考虑价格,而有95%的客户是把产品质量摆在首位的。随着生活水平的提高,人们对产品质量也越来越看重了。所以从这个角度来看,嫌产品贵肯定只是表面现象。自古就有"一分钱一分货"之说,客户之所以这么讲,肯定是认为产品不值这么多钱,这个评估仅仅是他心理的评估。如果客户不能充分认识到产品带来的价值,他当然有理由认为产品根本不值这个价钱,永远嫌贵那就是很自然的事情了,所以销售人员一定要在产品的价值上下功夫,让客户对产品的价值有全面的了解。

2. 对客户就需求提出的异议

客户以不需要为由提出异议，一种情况是因为他没有意识到自己的需要。需求也是可以创造出来的，作为销售人员，你的首要任务就是让客户认识到这种需要，并把这种需求强化，而不是拿客户没有需求的观点来说服自己。

还有一种情况是客户不急需，他们便利用拖延购买而进行的一种拒绝。这种情况，表明他是有购买意愿的，只是意愿还不是很强烈而已，尚未达到促使他立即采取购买行动的程度。对付这种异议的最好办法是，让客户意识到立即购买带来的利益和延误购买将会造成的损失。

另外，还有一种情况是，客户由于没有足够的理由说"是"才说"不"的。在客户尚未认识到商品的方便和好处之前，销售员如果试图去达成交易，那几乎是不可能的。因为谁也不愿意随随便便地贸然购买而被人看作是傻瓜。在这种情况下，客户缺少的是诚心实意的帮助。销售人员应该帮助客户认识到产品的价值，发现自己的最大利益，好让他有充分的理由放心购买。

当然，客户不需要你的产品，也可能是他的真实想法。但不管是哪种情况，作为销售员，你一定要凭借敏锐的观察力，或通过提出一些问题让客户回答，了解他们的需要之所在，以便真正满足他们的需要。

从表面上看，客户这种种理由似乎是正当的抵制，而实际上只是一些借口而已。因此，销售人员一定不能把借口当作真正的异议理由，也不要非常直接地告诉客户，说他是在寻找借口或者不愿意做出明确的回答。当正题谈不下去时，我们不妨运用迂回战术，闲聊一番，聊到双方都眉开眼笑时，机会也许就要降临了。

回应客户质疑的五大技巧

只有成功地处理各类客户的异议,才能有效地促成交易。对此,绝大多数推销学家都把处理客户异议的口才技巧作为现代推销学的基本内容之一。

下面我们就具体来看一下处理客户异议的各种技巧:

1. 反驳法

反驳法是指推销人员根据有关事实和理由来直接否定客户异议的一种处理方法。正确地使用这种方法,可以增加推销面谈的说服力量,节省推销时间,提高推销效率。

在使用反驳法时,推销人员一定要注意始终保持十分友好温和的态度,避免与客户发生冲突,因为一旦伤了和气,即使你说得再有道理,客户也听不进去了,反而阻碍成交。同时,还要做到有理有据,使客户心服口服。

2. 转折法

转折是指推销人员根据有关事实和理由来间接否定客户异议的一种处理方法。一般情况下,销售员把客户不购买的理由转化为应该购买的理由,其可能性是存在的。

例如,客户:"我们家人口少,那么大的冰箱对我们来说是一种浪费。"

销售员:"您提出的问题确实有一定道理。但正是因为人口少,才应该购买大一点的冰箱，人口少的家庭逢年过节常常有许多吃不了的食物，容易造成食物白白浪费掉，还不如买台大点的冰箱，虽然一次性花钱多些，但和减少浪费相比，还是划算的。"

销售员巧妙地应用转折法的说服方式，把不买的理由转化成应该买的理由，既没有回避客户的拒绝，又没有直接正面去反驳，因而有利于形成洽谈气氛，较容易说服客户，做成生意。

3．补偿法

补偿法是指推销人员利用客户异议以外的其他有关优点来补偿或抵消顾客异议的一种处理方法。任何一种产品不可能在价格、质量、功能等诸多方面，都比其竞争对手的产品有绝对的优势。如果用能引起客户满足的因素予以强调，以此来削弱引起不满足因素的影响，往往能排除客户的异议。

如果销售员一味强调自己产品的优越性，反而可能会造成客户的反感。承认和补偿客户异议，有利于保持良好的人际关系和推销气氛，有利于进一步处理客户异议。当然，如果客户提出的异议不是出于心理上的原因，而是一种无法回避的客观事实，那么就需要对客户进行实质上的补偿。比如客户大批量订货，那么你就需要适当地压低价格。

4．忽略法

忽略法是指当客户随口提出一些不着边际的异议时，销售人员不做正面回答，而是采取忽略的方式来岔开客户异议的一种处理方法。

例如，客户："在价格方面我们一直谈不拢，下次让你们的老板过来谈吧。"

销售员:"即使与上帝谈也是一样,如果您的订货量再大一点的话,我可以考虑给您更多的优惠。"

碰到诸如此类的异议,可以轻松地把话题岔开,迅速转入正题,从而解除客户的异议。如果真正按客户所说的去做,不仅不能有效解决问题,而且还有可能节外生枝。其实,客户的这种异议,我们可以将其看作是一种托词,它只是客户用来搪塞销售员的一种办法、借口。对于托词,要么不去理睬,要么就试图找出真正的动机,以便对症下药。

5. 承认法

承认法又称先是后非法,是指先对顾客的问题轻描淡写地同意,以维护其自尊,然后再根据事实状况进行有利的诉求,以此来化解客户异议的一种处理方法。

例如,客户:"××牌的复印机,具有六个刻度调整复印的浓淡度,而您这台复印机好像没有这么多的功能。"

销售员:"您所说的那种复印机,操作起来比较复杂,一般由专业人员操作,如果您购买了那种复印机,将不得不对员工进行专业培训,否则在复印过程中很容易出错。而我们这种复印机虽然没有太多的功能,但是它使用起来非常方便,更适合办公室使用。"

如果这样回答,就能让客户认识到两种产品的优缺点,从而针对自己的具体需求做出正确的选择。而且,你的承认,也会让客户觉得自己的想法能够得到别人的认同,而产生一种自豪和优越感。

先发制人,把客户异议"堵"回去

不管怎么说,受到质疑总不是很好的事情。如果能预见到客户的异议而采取了相应的预防措施,将它扼杀在客户的口中,就更好了。所以,成功的销售人员都知道采取一些预防措施去避免遭受客户的异议。

预防客户异议,并不是不让客户把异议说出来,而是在客户提出异议之前强化其信心。

S灯具公司的一个推销员,这一天来到了一个负责某居民楼建设的公司经理的办公室。刚一进门,推销员便礼貌地向经理打招呼:"您好,我是S灯具公司的推销员,我叫××。"说话的同时,他发现经理正在忙碌地整理资料,根据以往的经验,怕是又会让他留下资料走人了。

于是,没等经理开口,他便接着说:"我看您现在挺忙的,那麻烦您再定个日子,选个您方便的时间,我随时都可以过来。"经理有些诧异地抬头看了一下推销员,以前来推销的人可都是等着他往外赶的呀!这时,推销员对经理一笑:"您可能想留下资料也是一样的,但是我们的资料都是精心设计的纲要和草案,必须配合人员的说明,而且要对每一位客户分别按个人情况再做修订,等于是量体裁衣。"

经理对"量体裁衣"的用心设计立马产生了兴趣,犹豫了一下说:"我明天可能要出差一个星期,但是我现在又得去开会,可能要一个小时,你……"推销员连忙说:"没有关系,如果您不介意的话,我可以在这里等您。"

一个小时过去了,当经理回到办公室的时候,推销员递给了他一张南京的公交图:"刚才听说您要去南京出差,所以闲着没事,出去买了张公交图,希望能给您提供方便。"经理看着这个小伙子,顿时产生一种好感,后期的生意当然谈得很顺利,推销员成功的拿下了这笔订单。

我们不得不承认这个推销员很聪明,他事先预测到客户可能提出的一些异议及其内容,并且抢先在客户开口之前进行解释与处理,就起到了先发制人的效果。

而且,这种预防处理客户异议的方法还有一个独特之处,就是可以让销售人员在客户面前由被动地等待客户提出问题变为主动出击,它不仅可以预防客户可能会公开提出来的异议,也有利于预防客户不公开提出来的隐蔽异议。这样,销售人员就可以"胸有雄师百万",可以"稳坐钓鱼台"了。

在实际推销工作中,销售人员还必须注意以下相关问题:

1. 要有备而来

运用此方法首先要求推销员必须在和客户接触前准备充分,对于客户大概会提出什么问题,这些问题该怎么回答,推销员应该心中有数。长期从事销售活动就会发现,客户肯定会对商品提出某些特定的异议,对付这类异议最常用的方法是编制标准应答语。这就要求销售人员把每天遇到的客户异议写下来,进行分类统计,依照每一异议出现的次数多少排列出顺序,出现频率最高的异议排在前面,最后再编制适当的应答语,并整理成章,以供随时翻阅，达到运用自如的程度。

另外，销售人员还要了解预防处理的不适用客户类型，以免适得其反。一般来说，这种方法不适用于自高自大、自以为是、爱唱对台戏的客户；不适用于处理无关、无效异议；不适用于处理涉及客户主要需求与主要购买动机方面的异议等。

2. 要科学预判

预防异议的关键是预判，销售人员要根据现场见到和沟通过程中的表现来预判客户会出现什么异议，比如：一个很土很土的老板，不会上网的，多半会有操作方面的异议，提前告诉客户，我们的服务是怎样周到，怎样进行，客户就会放心很多。同样，一个犹犹豫豫，瞻前顾后的人一般在产品使用效果上的异议是很难解决的，同行提前给他大量地去强化，效果就会好很多……当然了，会有很多的迹象，让我们去预防，需要经验的积累和同事之间的交流分享，总结出规律。

3. 要看准时机

销售员应看准时机，提出问题、解释问题应该让客户感觉自然合理。这就要求销售人员在销售过程中，能敏感地感觉到客户可能提出的一些不同意见，并据此明确自己的思路，先发制人地抢在客户提出异议之前消除客户的疑问。面对各种类型的客户，经验丰富的销售人员都善于预测不同类型的客户会提出哪些不同的意见，客户对销售的哪个环节会产生哪些异议。销售人员在洽谈中觉察到客户会提出哪些异议时，可以按照自己的思路与擅长的手法，在合适的时间内提出对方关心的问题，并予以解释清楚。当然，这也需要销售人员在实践中不断地探寻摸索，以便找到合适的处理客户异议的时机。

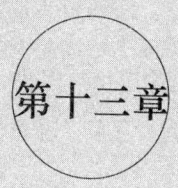

巧妙报价,赢得客户心理认同

对客户来说,产品和服务的价格永远是最敏感的。所以,在说产品和服务的价格时,要适当运用一些技巧,弱化对客户的刺激,只要客户接受了价格,交易也就水到渠成了。

把大钱说"小",淡化敏感

无论什么东西,也无论定价是多少,只要你在市场上出售,总会有人说价格太高。"太贵了!"这恐怕是任何一个推销员都曾遇到过的最常见的异议。

这种情况下,除了向对方证明你的产品值那个价格外,还可以在报价上做文章。

1. 化整为零报价法

化整为零报价法,即将"大钱"化成"小财",从而淡化客户对于价格的敏感度。那么,那笔钱也就很难逃脱被轻易消费的命运了。

这其实是有心理学依据的。心理学家研究发现,人都有这样一个奇妙的心理:对一个数字觉得很大时,如果把它拆分开来,就不觉得很大了。比如,客户乍听到某件产品的价格时,觉得很贵,为此产品支付这个价格不值得。可是,当销售人员给他算出他每个月或者每天甚至每小时为这个产品支付多少钱时,他就会将这笔支出与意识中的小支出做比较,认为它是一种小财,就会觉得这个价格并不是那么难以接受,其实它还算合理,最终很可能会接受这个产品。

2. 以9结尾报价法

我们在超市里、商场里经常会看到末尾以9标价或报价的商品，0.99、9.9、19.9……1999……不管在什么数量级，它都站得住脚。

其实，与其相邻的整数相比，它们只有一元、一角，甚至一分之差，为什么不干脆报整数价格呢？

根据专家的经验，以9结尾价的意义有两个方面，就是杀价勿来与降低消费抗性。比如商品价格订在99元，大约可以断定是卖方从110元或更高的价格降下来的，等于卖方间接告诉客户：开价就是底价，谈判由我主导。赔钱生意没人做，既然已经降到底线，买主也就不耗费时间来杀价了。

同时，以9结尾的报价与整数报价，也给人价格等级不同的感觉。比如一件T恤售价29.9元，一部手机售价1999元，一台电视机售价39999元，这样在心理上会使客户觉得没有越过30元、2000元、40000元的门槛，比较容易接受。如果这些商品标价31元、2100元、42000元，其必然没有前者的效果好，可能会影响该商品的销量。表面上看似很小的差距，但是在心理上却是不一样的。

销售员在报价时，也可以利用客户的这一心理，以9结尾报价，这会让客户认为你的商品更便宜，也更乐于购买。

3．差额比较报价法

当客户对价格感到不满时，销售人员可以引导客户说出他们认为比较合理的预期价格，然后针对产品价格与客户预期价格这个差额对其进行有效说服。

采用这种方法最大的好处是，一旦确定了价格差额，商谈的焦点问题就不再是庞大的价格总额了，而只是区区小数的差价。这时，你再进一步澄清产品价值，把客户的注意力吸引到产品的价值或拥有产品后获得更大的价值上来，客户可能就不会过于坚持了，会有效促进成交的完成。

4. 分期付款报价法

现在，我们买房子、买汽车甚至买家电，都可以分期付款。这种方法使很大的一个数字，让消费者感到不难以接受了。细水长流，就觉得轻松多了。

总之，那些聪明的销售人员，总是想尽一切办法去激发客户的小财心态，目的就是要让客户把注意力从一个较大的数额转移到一个比较容易接受的小数额上来。"原来并不贵"的念头就会令他们心有所动，而且，客户一般也不会为了最后的那一个小数额而与销售人员斤斤计较的。

报价最低，不如给个杀价空间

虽然"报价"在整个销售的流程中操作相对简单，但交易双方对价格的争议占据整个谈判期间70%以上的工作内容。因为通常情况下，客户往往不相信销售员第一次给出的价格就是最低价格，只有经过询价、砍价这个过程，客户对销售员有了信任，对产品有了认可，并在产品价值与价格之间找到平衡后，他们才会最终做出购买的决定。

一个女孩在一家服装店看上了一条非常漂亮的裙子，想买下来。但是最后在谈论价格时，商家坚决不让步。这条裙子标价290元，女孩希望再优惠一些，可是售货员却说："没看见我们门口写的字吗？谢绝议价。如果你不能接受这个价格，那就别买了。"售货员的话让女孩很生气，女孩很喜欢那条裙子，哪怕只便宜10元钱，女孩都打算买回来。但是没想到售货员不但不让还价，而且服务态度还不好，语气强硬。于是，女孩当即离开了。

女孩在另外一家店又看到了同样的裙子，商家的标价是390元，女孩还没开口，导购小姐就笑盈盈地对她说："喜欢的话，可以先试试，如果穿着好看，我们会有优惠。"这话让女孩刚才的不愉快顿时消散了，她高兴地试穿了那条裙子。试穿的效果让女孩很满意，于是女孩让导购小组给她优惠一些。

导购小姐笑着说："其实这条裙子也没多大的利润，但是看你穿着这么合适,想要特意去找这样的模特还找不来呢,你穿着就相当于给我们店的服装做宣传了。这样吧,给你打八五折吧,331元。"女孩再一次提出优惠要求,导购小姐看出了女孩真心想买,又说:"你这个小姑娘,怎么就让我不忍心拒绝呢?好吧,好吧,给你一个我们店的VIP顾客才能够享受到的折扣吧,一口价300元。这个价格可是最低了,不能再砍价了。"

女孩一听,暗自琢磨:"比上一家贵10元呢,但是10元算什么,我情愿多花这10元,对方说得我都心花怒放了,至少心理平衡了,因为我觉得在讨价还价中,我赢了。所以我宁愿多花10元钱买个心情好,也不愿意因为那家便宜而听对方的冷语、看对方的脸色。"想到这儿,女孩爽快地掏出300元钱把那条心仪的裙子买下了。

这个女孩的心理,其实代表了大多数消费者的心理。

很多时候,客户跟你杀价,只是为了找寻一种心理的平衡,生怕自己买贵了吃了亏,也是怕销售员给别人优惠,而没有给自己优惠而产生的一种心理反抗。另外,客户在杀价的过程中也满足了自己作为"上帝"的征服感——当人们都在议论销售员精明时,他们战胜了销售员,证明他们自己才是聪明人。

基于客户的这种心理,销售员在给客户报价时,与其给出一个最便宜的价格,不如给他们一个讨价还价的空间,以便满足一下他们喜欢砍价杀价的心理,这样最后成交的概率会大大提升。

当然,这并不是说你可以狮子大开口。如果你的报价高得离谱,吓到对方,导致对方知难而退,甚至一走了之,就毫无意义了。

一般来说,合理的报价是:一定要让客户感觉到这个价格是可以商榷的,当他们领悟到"砍价机会"的时候便能够用一种期待的心态来进行交谈,你便可以趁机摸清客户的价格意图了。

在实际的销售环节中，销售员可以这样与客户沟通：

"刚才听了您的具体需要，我认为在价格上还是可以为您做出一定调整的，当然，这需要根据您要求的订购数量、包装质量、售后服务等具体情况来定。"这样的话语会让对方感觉到其中还有商量的余地，通常会将价格往低处说。这时，销售员再给出一个具体的心理底线，比如说："虽然我们可以在价格上商议，但是我们所能够接受的最低价格是……"显然这个最低价格也还是高于成本价格的。经过这样的讨价还价，客户可能会想："虽然感觉这个价格还是有些高，但这是让步后的价格了。"如果他有了这样的想法，那么就有可能接受这个价格了，交易也就由此可能达成了。

总之，销售员要时刻记着：有时，客户在乎的不是产品的价格高低，而是他们想通过和你讨价还价获得一种成就感。让客户产生征服你的感觉，他们就会觉得没必要对一个销售员下狠手，甚至会把你当成合作的伙伴，成为你忠实的客户。

什么时候报价也是有讲究的

怎么报价有讲究,什么时候报价也有讲究。

很多销售人员,特别是一些销售新人,在销售过程中,往往会被客户所引导,过早地谈及价格,这是一种错误的销售手法。因为客户可能因价格而一走了之,致使交易半途而废。优秀的销售人员往往会在有希望成交时再把价格以一种艺术性的手法阐述出来。

1. 先聊产品再说价格

虽说客户对价格敏感,但有一种情况会降低他们对产品价格的敏感度。那就是当产品和销售人员的服务足够好,能够符合客户的心理需求,那么它的价值便在无形中得到提升。这时候即使提出的价格较高,客户也没有太多的抵触情绪。

这就告诉销售人员:在与客户沟通时,要突出产品和服务的价值,弱化产品的价格。这也就是我们要求销售人员在与客户沟通时,要先谈产品再说价格的原因所在。其目的就是为了先使客户认可产品和服务的价值,然后在此基础上去谈价格,让客户感觉物有所值而愿意接受价格。

史密斯是阿肯色州一个皮革公司的销售经理。一次,他负责推销公司新生产的带状皮革制品。他把新产品展示给一个客户看,然后问客户:"您认为这产品如何?"

"嗯，不错，我非常喜欢它，但是我猜想如果我想拥有的话，您会告诉我它是非常贵的，而我要为它付出一个荒谬的价格，在您之前，我已经听说了。"

"先不要去考虑这个。"史密斯说，"我知道您懂得贸易，经验丰富，您对皮革和兽皮都有一定的研究，您能告诉我它的成本是多少？"

客户受了奉承，很是受用，也愿意回答。他告诉史密斯可能是45美分一码。

"您说得对。"史密斯用惊奇的眼光看着他说，"您不愧是行家，真不知道您是怎样想到的？"

两人畅谈起来，最终，这名客户从史密斯手里以45美分一码的价格订购了一批带状皮革制品。双方对此结果都很满意。但是，即使两人谈得很愉快，史密斯也决不会告诉客户，公司最初给产品的定价是39美分一码。

在这个事例中，史密斯就没有受客户的诱导，过早把价格透漏给对方，而是先说产品，在利用产品引起客户兴趣时，再不失时机地将价格因素引入进来，让客户给产品定价，最终取得了主动，完成了交易。

所以，如果客户将价格的话题过早地抛了出来，这时，销售人员应当尽量回避直接作答，可以运用口才技巧巧妙地将问题引导到产品价值方面。比如，可以说："价格的高低要依据产品的质量来定"，或是"那就需要看您选择的是哪种类型的产品了""请问您需要多少产品呢？价格可以根据产品的订购数量来进行适当的优惠"。但不管怎么回答，目的都是为了将有关价格的话题引向产品的介绍中。

2. 先了解客户的心理价位再报价

不管是哪种商品，每个客户在购买之前都会有一个心理价位，如果产品价格高于这个心理价位太多，客户一般不会做出购买行为。

因此，销售人员在与客户沟通的过程中，一定要在了解了客户的心理价位之后，再给出合理报价，否则，即使是你觉得十拿九稳的交易也会失败。

要想了解客户的心理价位，一个最好的方法就是让客户自己报价。比如，面对寻价者，有经验的销售员会问："你需要哪个档次和规格的产品？"或者，"你需要采购多少？""你想花多少钱来采购？"有采购计划和目标的采购者，一般会把产品的性能、规格、技术要求报得很详细；价格也会有一定的范围，还会关心发货及售后服务的情况。这类采购者一定是客户，对市场了解得也非常清楚，这时你的报价一定要真实可靠，在介绍产品的卖点时也要清楚无误。

当然，也有一些客户根本不报价，尤其是对产品不太了解的人，对于这样的客户，销售员可以采取"几乎不报"的形式。也就是我们上文提到的，先不提供报价数额，而让客户在交流中感受到产品价值，自己在心里做出预期判断。

总之，销售人员一定要把握好交流价格的时机，让客户在最舒服的时候接受价格，下定购买的决心。

客户就吃"半推半就"这一套

在销售的最后阶段,一般是由销售方报价,购买方还价,然后再经过双方几个回合的较量方可成交。

所以,学会如何与客户讨价还价,也是销售员的必备技能之一。

1. 永远不要接受客户的第一次还价

讨价还价中,一条很重要又很单纯的原则就是:永远不要接受客户的第一次还价。不管客户开出的价格是否符合你的预期,都不要轻易接受。

这是因为人心就是这样:东西太容易获得,就会让人怀疑它的真实性。一方面,在人的潜意识中,都认为得到就必须有所付出,是需要通过努力才能获得的。太容易得到,会让人怀疑自己是否中了圈套,进而启动自我防御机制。另一方面,对方一看你答应得如此干脆,会认为你还有可以退让的空间,从而得寸进尺地向你逼近。因此,销售员在接受客户的价格时,一定要显得困难一些,这样客户才会心满意足、高高兴兴地掏钱购买你的商品。

在与客户交涉过程中,第一回合的"拒绝"往往是以退为进的良策。客户在被拒绝的时候通常会得到这样一个信息,那就是:"这个商品是值这个价钱的,否则销售员的态度不会这么坚决。"这反而会激起客户购买的欲望,成为一个隐形的催化剂帮你完成订单。

2. 绝对不做无理由的让步

俗话说，"天上不会掉馅饼"，所以在销售谈判中也绝对没有无理由的让步。当你对客户做出单方面无条件的让步时，他们也许会这样想："如果你的商品和服务没有任何问题，为何要做无条件的让步？""是不是你心中有鬼，却不好公开？"这会加剧客户对销售员和产品的不信任感。

所以，销售人员在与客户就价格问题进行心理博弈时，一定要注意：不要单方面过早地做出让步，否则你会在接下来的销售谈判中陷入被动。

从技巧上来说，你可以在让步时用上"如果"的条件限制，例如在上面的事例里，你可以说"如果你可以买两件，就按280元一件卖给你"。用上"如果"这两个字后，对方会感觉你的提议是童叟无欺、合情合理的。加上这个限制条件后，对方便相信你的提议不是单方面让步，你对你的产品或服务充满信心，它们值这个价钱。

此外，这种让步还要在客户主动做出让步后，或者是在你必须做出让步来继续洽谈的情况下，否则最好不要先让步。

3. 让客户看到你的"勉强"

销售人员一定要学会在销售的开始提出苛刻的要求，然后再稍做妥协，而且这个妥协必须让对方看到你的"勉强"之意。因为只有这样对方才会感觉到你真的"让步"了，否则他们只会认为自己吃亏了。

几年前，凯文在加利福尼亚南部的一家房地产公司任主管，这家公司很大，有28个办事处和540个非正式会员。

有一天，一家杂志的推销商向凯文卖他们杂志的版面。凯文对这家杂志很熟，知道这是一个很好的机会，所以他想把自己的公司登在上面。

对方给了凯文一个合理的低价，仅需要2000美元。因为凯文喜欢谈判，于是他用了一些策略，把价格降到难以置信的800美元。就是这样，凯文还是不满意，他想："天啊！如果几分钟就从2000美元降到800美元，那么接着谈下去还会降多少呢？"所以他用了请示领导的策略。

第二天，凯文给推销商打电话说："很不好意思，我还以为领导能同意800美元，但很难跟他们交涉，最近的预算让他们大伤脑筋，他们又还了一个价，太低了，我都不好意思跟你说了。"

推销商沉默了很长时间，然后说道："他们同意出多少？"

"500美元。"

"好吧，我们接受。"推销商说。

可是，凯文还是觉得受骗了，他觉得还可以把价格压得再低些。

在销售谈判的过程中，采取适当的让步是完全可以的。但是这种让步必须是有计划、有步骤的。既要做到客户第一次开价或还价的时候不轻易接受，还要做到此后的每一次让步都应尽量微小。因为你需要通过让步来传递某种信息：一次一点微小的退让，可以让客户认为你是一个变通、不死板的人，并且非常尊重他，每次退让都是在为他做"巨大的牺牲"。

拒绝客户的回价,委婉说"不"

不管是讨价还价时的假意拒绝,还是客户提出不合理价格时的不能接受,对客户说"不"都是在所难免的。

但是,我们最好不要选择直截了当的拒绝方式,因为这样不仅会显得太武断、太死板、太粗鲁,甚至还会给人一种没有素质的感觉。同时,也会在某种程度上伤害客户的尊严,进而使谈判陷入僵局,甚至干脆导致谈判破裂。

那么,销售员如何才能委婉地把这个"不"字说出来呢?

1. 暗示法

你可以通过暗示的方式委婉地告诉客户,他所提的价格是无论如何都不可能达到的。

比如,可以对讨价还价的客户说:"我想,如果我们采用一些劣质原料,大幅度降低成本的话,应该能以您开出的价格卖给您。可是,这样一来,恐怕您就不会买了,因为谁都希望买到称心如意、货真价实的东西。"

2. 借力法

其实有的时候你根本不用绞尽脑汁去想那些拐弯抹角的拒绝话,只需要将原因转移到第三者的身上,即借用"别人的意思"拒绝对方。

用上级领导做掩护，是最好不过的拒绝方法了。不管客户还价多少，你都可以告诉对方："你们的报价已经不在我可以决定的范围了，我要回去请示一下经理。然后，我会给你们答复的。"

3. 转移法

如果你觉得实在无法满足客户提出的价格要求，那么最好就不要就此过多地与客户纠缠下去了。试着转移客户的注意力，让他注意到产品的一些优点，效果就会好很多，说不定当客户认识到产品的优势后就不在乎价格高低了。

有一位顾客想租用企业邮箱，一方面既能提升公司形象，另一方面可以减少垃圾邮件和故障。企业邮箱分高、中、低等级，年费从500元至900元不等。这个顾客想要便宜的，所以当网络运营商介绍完企业邮箱的相关业务后，这个顾客就说道："你的价格太贵了！我还有更好的选择。"

网络运营商没有辩解，而是问顾客："您现在每天收到的垃圾邮件有多少？是如何处理的呢？"

顾客回答："少说也有50封，很难清空。问题是一些有用的邮件，甚至顾客的邮件也夹杂在里面，所以必须一个一个地看。有一次因为没及时看到顾客的问讯邮件，险些误了大事！"

网络运营商又问："那真的很不幸。除了垃圾邮件，您现在邮箱服务器的稳定性如何？"

顾客回答："经常停机检修，而且不定期。每次停机，邮件是收不到的。已经有顾客对我抱怨了，就是因为邮件沟通的问题！"

听顾客这样一说，网络运营商趁机说："您自己想想，一个运行稳定、能有效隔离垃圾邮件的电子邮箱对您有多重要！您还计较这区区年费吗？"

不等顾客回答，网络运营商又说道："现在可以确定的是，一个运行稳定、能有效隔离垃圾邮件的电子邮箱对您十分重要。"

顾客回答："我想是这样。毕竟机会成本更重要，对了，你说过你们在这些方面有技术优势，怎么做的？"

最后，这位顾客毫不犹豫地选择了年费最高的企业邮箱。

这里，销售员用到的技巧就是转移法。当销售员将客户的注意力巧妙地转移到产品的优势上后，也就弱化了客户对于价格高低的关注。

4. 补偿法

被拒绝总是让人感到不快，即使是你拒绝得非常委婉，但在事实上客户并没有达到自己的目的，心中肯定会感觉不痛快。这时，你大可在自己能力所及的范围内给予客户适当的补偿。

比如，你可以对提出不合理价格的客户说："真对不起，您说的价格真的不可以，不过我可以帮您申请……"

让获得赠品或其他优惠的喜悦冲淡客户心中因为被拒绝而产生的不快，这也就是我们常说的"补偿法"。

当然，委婉的拒绝方法还有很多，只要顺应当时的情境，能达到拒绝的目的，你可以选择任何一种或者几种方法同时用，也可以根据实际情况，用自己独到的拒绝方法。只要能避免客户因你说"不"而心生反感，就有可能在成交之际让客户说"是"。

第十四章

临门一脚,在与客户攻防中成交

在交易处于成交的关键阶段,销售员一定要掌控好与客户的交流。攻防要得法,既要提高客户的舒适度,又要推进交易进度,最终实现双赢。

再着急也别拿承诺当逼单工具

不言而喻,客户买东西自然是想买物美价廉的。但是在购买的时候对方又怎么知道是不是如此呢?不知道就会产生顾虑,所以就不会那么容易下定决心购买。

这个时候,就需要销售人员为客户送上一颗定心丸。这颗定心丸就是对客户做出郑重承诺,如许诺承担质量风险,保证商品优质,保证赔偿客户的损失,或答应在购买时间、数量、价格、交货期、服务等方面给客户提供优惠等。这些承诺在一定程度上减轻了客户对产品风险的担忧,让客户的购买意图真正转化为购买行为。

但是,这些承诺一旦做出,就要不折不扣地实现。如果销售员只是为了赢得交易的成功而胡乱许诺,其结果必定是失去客户的信赖。因为如果你欺骗了客户,那他们迟早会有所察觉,一旦他们感觉到被欺骗,那你就永远别再想从他们那里获利了,甚至还有可能将你个人乃至整个企业的信誉给毁掉。

客户是你的保障,客户相信你,才会追随你,才会愿意购买你的产品。如果不管客户提什么要求,一律先答应下来,固然可以达到增强客户购买决心的目的,可一旦实现不了,你就把做销售的最大资本——诚信——丢了。

1. 做不到的不要随便承诺

在做出承诺之前,销售人员必须谨慎。如果已经确定客户的某些需求无法给予满足，就千万不要随便承诺。这时，销售人员可以采用其他辅助手段淡化客户这方面的需求，或者真诚地向客户表明你的难处。

例如："您希望我们上门指导安装？您一定以为它安装起来非常复杂吧，其实特别简单，我现场给您演示一下，您就什么都明白了……"

"我知道您希望货物最好能在一个星期之内到达，不过您也了解，现在正处于'两会'时期，物流审查严格……"

如果以上方式仍然无法使客户改变要求的话，那么销售人员宁可失去一次交易成功的机会，也不要失去最基本的信誉。失去一次交易也许有些可惜，但是如果失去了最基本的信誉，那以后就可能再也没有挽回客户信任的机会了。

2. 不确定的不要轻易承诺

有时，客户提出的某些要求或期待比较合理，但销售人员却不太确定是否能够满足客户的这些要求，怎么办？

如果一口回绝客户的要求，那很可能使客户感到严重不满，从而失去成交的机会；如果不假思索地应承下客户的要求，又不确保最终能否兑现，一旦不能兑现，那么造成的后果就会更严重。这时，销售人员就应该坚持"谨慎许诺"的原则，依照当时情形灵活处理。

如果客户提出的某些要求实现的概率很低，而客户又不十分坚持，那么最好不要许诺，而应该尽可能地说服客户减少这方面的要求。

例如："您真的要一个星期之后再交订金吗？您知道，现在房价上涨这么快,而且来这里买房的人又这么多,我很难保证您看中的那套房子一个星期之后还没卖出去……"

如果客户坚持某项要求,而且通过一定的努力有可能实现的话,销售人员可以对其进行比较委婉的承诺,但是要同时告知客户可能会出现的其他情况。

例如:"我们会尽可能地按照您的要求在10点以前把货送到,不过万一送不到的话,我会及时打电话通知您……"

3. 能做到的别承诺"太满"

只有客户提出的要求是合理的,同时确保自己可以通过努力满足客户的要求,而且这些承诺有利于促进交易的实现,那么销售人员才可以做出承诺。但是,即使如此,也不要给予客户过高的承诺。

说好告别的话,让客户去时比来时美

心理学中有一个著名的心理学效应——近因效应,是指在多种刺激一次出现的时候,印象的形成主要取决于后来出现的刺激。表现在人际交往中,是说最近、最后的印象,往往是最强烈的。如果"最近印象"不好,将会导致前功尽弃,冲淡在此之前产生的各种良好的印象。

所以,作为销售员,如果想要让客户百分百地满意,签单之后的言行也是非常重要的,说不好、做不好的话,很可能就白努力一场了。

A君和B君是某家用机器人销售公司的销售员,两人都负责销售家用园艺机器人。不过,两人的销售业绩却是天壤之别,而原因就出在售后上。A君在交易成功之后,顾客取货之前,通常都要花上几个小时详尽地演示机器人的操作细节问题,如怎样将遗落在地上的杂草清除,怎样将歪斜的植被扶正,怎样让自己保证充电状态等。

最后,他还会对顾客说:"我的电话全天24小时都欢迎您拨打,如果有什么问题,请给我的办公室或家里打电话,我随时恭候。"一旦顾客真有问题,他也是立刻就去解决,实在不行,还会联系别人帮忙。

相对于A君,B君则差很多。虽然他前期的推销积极热情,很有效果，但签单之后，就只是递给顾客一本用户手册说："拿去自己看看。"就开始"转战"下一个目标顾客了。

结果呢？A君的顾客不仅自己会回头再买，而且还会介绍一些朋友来买。B君不仅都是"一锤子买卖"，而且有时还会遭遇退单。

其实现实生活中，像B君这样的销售员还很多，他们认为签单之后就是售后的事，与自己无关了。可是在客户心中，把商品拿走只是自己购买行为的开始。如果销售员对已开发的客户掉头就走，之后也不闻不问，一定会让客户产生不安全感——"我会不会上当了啊。"

那么，销售员应该如何运用口才，让自己的销售工作做到"去时要比来时美"呢？

情况一：刚签完单时

刚刚签订了销售合约，销售员强调万全的售后服务的话题，对客户而言，是最令他们开心的。

你可以说："如果你发现产品有什么不满意的地方，请你立刻和我联络，我会很快地来为你服务。保证期限是一年，万一发生了什么故障，也请你和我联络，我一定会尽力为你服务。"或者说："以后如果你还需要这方面的产品，请你和我联络，这里一定比普通商店服务得更周到。"这也是为日后铺路的最好话题。

情况二：后期客户维护

有些销售员每当达成交易，嘴上说着"如果你还有什么需要，可以再打电话给我"，实际上却是一拿到钱就脚底抹油，从此，客户再也听不到这名销售员的任何讯息，这实在是得不偿失的。

因为如果你在一次售出产品后就不再露面，又如何会知道客户的需求、产品的不足，又如何做好售后服务呢？难道事事都要客户打电话找你，或慢慢地等待你的到来吗？如果是这样的话，客户很可能会失去对你这个推销人员的耐心和信任，甚至从此不再购买你的产品，因为，客户会怀疑你的产品的质量，甚至你的为人。

只有为客户提供长期优质的售后服务，才能更好地进行市场推广，提高自己在客户心目中的知名度，这样便犹如增添了一位无声的推销员，为企业和产品招徕更多的"回头客"。

现在，发达的通信方式让人与人之间的联系变得越来越方便。销售员与客户保持长期联系的方法也可以有很多选择，例如电话、电子邮件、客户联谊、手机短信、网上聊天、明信片、邮寄礼品等等。总之，不管用什么方式，只要可以让客户感受到你的关心，达到维持双方持久的关系的目的，你就比你的竞争对手更具优势。

应对好投诉,将危机变商机

在应对客户抱怨的过程中,销售人员最忌讳的就是回避和争辩。要敢于正视发生的问题,并以最快的速度解决,把客户的事情当作自己的事情来做,站在他们的立场上来思考问题,对客户表示抱歉……那么,你就一定能够化干戈为玉帛,化抱怨为感谢,化怀疑为信赖。

具体来说,有效化解客户投诉,销售人员需掌握以下口才技巧:

1. 耐心平息客户怒气

当客户气急败坏地带着问题前来投诉时,最重要的是先让客户平息怒气。

许多销售人员不等客户说完,就急忙将其打断,迫不及待地进行解释。这是极其错误的行为,这反而会激怒客户。要知道,客户向我们投诉,主要的目的是向我们倾诉他们内心的种种不满和意见,希望我们能帮助他们解决问题,而不是来听我们的解释、说明或辩护的。

而让客户倾诉,就能消除其愤怒,使其情绪放松,就像给充满的气球放气一样。同时,在客户发泄情绪的时候,用点头、微笑或适当的皱眉,表示你一直在倾听,并认真地记录下他投诉的要点。

期间，你可以提一些开放性的问题，让客户多说话，例如，"怎样……""何时……""谁……""为什么……"等，每当有需要时应立即澄清疑点，但不要提带有判断性的问题，并且避免用不信任的语气质问投诉的客户，例如，"你肯定事情确实是这样吗？""恐怕不是你投诉的根本原因？"等等。

2. 好态度抚慰客户心情

化解客户投诉时，一个重要的原则就是：态度第一，技巧第二。如果不能做到给人诚恳真挚的感受，那么即使眼前的问题解决了，日后双方仍无法有融洽的关系。

因此，面对前来投诉的客户，不管是不是你犯错，都要向投诉者真诚地表示歉意。即使投诉者是错的，但致歉总是对的，这是为客户情绪上所受的伤害表示歉意。

总之，你要记住，不管谁对谁错，都必须保证当客户因不满而找上门时，对你的态度总是能够百分百的满意。

3. 好方法解决现实问题

有时，你仅仅通过倾听、同情和真诚道歉等就能平息客户的情绪。但更多时候，会涉及更换产品、返工或者退款等现实问题。这时，就需要你做一个问题解决者，当你把问题解决了的时候，投诉自然也被化解了。

在处理投诉问题时，一个重要原则就是迅速及时。如果能当场解决问题，绝不要拖延到明天。如果不能当场解决，也要采用合理的方式答复客户。

总之，一定要力争在最短的时间内卓有成效地解决问题。而且，还要征求客户的意见，这样做既可以让他感到受到尊重，受到重视，也可以帮助我们更好地解决问题。

总而言之，没有人可以做到十全十美，因此，也不可能保证销售人员永远不发生失误或不引起客户投诉。关键是如何对待投诉。假如我们能够以合理的方式去对待，并在处理过程中展现出我们真诚热情的服务态度，客户的情绪散去，投诉的问题也会大事化小，小事化了，最终会是一种圆满。此时，这个客户不再是投诉者，而转变为了你的一个忠实的客户，一个朋友。